우리 곁에 막달레나

우리 곁에 막달레나

1쇄 발행 2026년 1월 20일

지은이 : 신로사리아 · 박도로테아 · 홍글라라
기록 · 윤문 지원 : 김연정 · 김세라
디자인 : 박정화
펴낸이 : 이재정
펴낸곳 : 도서출판 은빛
출판등록 : 2013년 4월 26일
주소 : 서울특별시 용산구 한강대로길 38가길 17, 201호
홈페이지 : www.mylifestory.kr
전화번호 : 070 8770 5100

* 이 도서는 2025년 문화체육관광부의 '중소출판사 도약부문 제작지원' 사업의 지원을 받아 제작되었습니다.
* 책자의 사진은 제공자를 따로 밝힌 사진을 제외하고 모두 필자가 찍거나 소유한 것입니다.
'판도라 사진'은 필자들이 참여하고 있는 막달레나공동체의 사진 모임 〈판도라〉가 찍은 것입니다.

탈성매매 세 여성의 진솔한 이야기

우리 곁에 막달레나

글 신로사리아 · 박도로테아 · 홍글라라

도서출판 은빛

차례

평범한 삶에 행복이 깃들 때

박도로테아

내 인생, 고통스럽기는 했지만 외롭지는 않아 홍글라라

세상을 비추는 등불 하나

홍근표 바오로(막달레나공동체 전담 사제)

고통은 사람을 무너뜨릴 수도 있지만, 때로는 삶을 꿰뚫는 진실을 품고 있기도 합니다.

막달레나공동체의 세 분이 세상 앞에 용기있게 내놓은 이 자서전은 단순한 인생 이야기 그 이상입니다.

어둠 속에서도 인간의 존엄을 잃지 않고, 무너진 자리에서 다시 일어서는 그들의 고백은 많은 이들에게 희망의 불씨가 되어 줄 것입니다.

한때 세상과 단절되었던 이들이 다시 삶과 관계의 자리로 나아올 수 있었던 데에는 이옥정 대표님의 헌신이 있었습니다.

진심으로 들어주고, 기다려 주고, 동행해 준 그 사랑이야말로 이 책의 숨은 주인공이라 할 수 있습니다.

삶을 포기하지 않도록 해 준 손길과 자신의 상처를 넘어 타인의 치유자가 되게 한 이 여정은 공동체가 줄 수 있는 가장 깊은 치유의 증거입니다.

이 책은 우리 사회가 종종 외면해 온 이웃들의 목소리입니다.

그러나 그 목소리는 연약하지 않습니다.

오히려 삶을 꿰뚫고 나온 진실만이 가질 수 있는 힘과 울림으로 우리를 일깨웁니다.

이 책을 통해 독자들은, 진정한 회복은 혼자가 아니라 "함께" 이루어지는 것임을 느끼게 될 것입니다.

세 분의 고백이, 그리고 이옥정 대표님과 막달레나공동체의 여정이 더 많은 이들의 어둠에 작은 등불이 되기를 진심으로 바랍니다.

깜짝 놀랄 이야기

이희영(대구대학교 사회학과 교수, 용감한여성연구소장)

판도라 언니들의 이야기는 매번 놀라웠다. 20여 년 전 청파동에서 처음 언니들을 만난 이후, 공식적인 인터뷰 외에도 밥을 먹거나 술을 마실 때 혹은 명절, 휴가 등의 만남에서 소설처럼 가슴이 콱 막히는 이야기를 들었다. 무심코 던지는 한마디에 백 마디 이상의 의미가 있으리라고 짐작했다. 이번 자서전 구술을 시작하기 전, 이미 두세 번씩 인터뷰를 한 적이 있는 언니들이 아직도 할 말이 남아 있다고 하여 내심 놀랐다. 어쩌면 한두 번 '어설프게' 마련한 자리에서 그동안 살아온 이야기를 다 들었겠다고 여긴 것이 무지의 소산 아니겠는가. 이번 자서전 출판 기념식에서 상기된 표정으로 지난 경험을 돌아보는 언니들의 얼굴이 빛났다. 당당하고 행복하게 살아가고 있음을 밝히는 모습에, 문득 가슴이 뜨거워졌다.

오랜 친구로 지내온 언니들은 말하기를 멈추지 않았다. 힘들고 괴로웠던 지난 일을 기억할 때는 말문이 막히기도 했지만 조금씩 기억해 내고, 여러 가지 방식으로 이야기했다. 처음에는 대표님이 판을 깔고 우리가 바람을 잡기도 했지만, 결국 언니들 스스로 잊거나 침묵했던 일들을 연결하여 자기 삶의 구슬을 꿰었다. 그리고 함께 어려움을 겪었던 여성들을 위해 얼굴과 목소리를 밝히고자 했다. 지난 시절 여성들이 경험했던 다양한 폭력의 실체가 기록되고, 그 역사적 의미가 공유될 때까지 언니들의 이야기는 계속될 것이다.

사회의 차별과 그늘에서 생활했던 여성들이 목소리를 갖게 된다면 사회 구성원 모두의 권리가 더욱 단단해질 것이다. 여성의 삶을 다르게 관리해 온 사회적 규범은 어디에나 있었고 여전히 존재한다. 최근 국가가 지난 세기에 기지촌을 조성하고 전국의 여자 수용 시설 등에서 여성들에게 가한 폭력과 인권 침해를 인정하는 사법적 판결이 있었다. 그러나 이것은 끝이 아니라 시작이 될 것이다. 더 많은 여성이 말할 수 있도록 서로를 격려하고 연대해 나갈 것이다. 그 모든 것을 무릅쓰고 삶의 이야기를 들려준 언니들에게 감사하며, 더 많은 독자와 함께 나누게 되길 기대한다.

용감한 삶의 주인공들

김애령(이화여자대학교 교수, <듣기의 윤리> 저자)

막달레나공동체 안에서 처음 언니들의 이야기를 듣기 시작한 지 20여 년이 흘렀다. 그 이후로 우리는 함께 나이 들어가고 있다.

어렵게 입을 떼어 들려주던 언니들의 이야기가 때로 툭툭 끊어지던 것을 기억한다.

그 경험을 통해 나는, 언니들의 이야기에 차마 다 말하지 못하는 경험의 그림자들이 드리워진다는 것을 배웠다.

지금 나는 감사하게도 언니들이 용기내어 세상에 내어놓는 생애 이야기의 첫 독자로 초대받았다.

이 이야기들을 읽으면서, 역사의 지워진 한 조각 안에서 삶의 굴곡마다 언니들이 얼마나 치열하게 선택했고 씩씩하게 싸워 이겨낸 용감한 삶의 주인공들인지를 다시 한 번 깨닫는다.

이 귀한 삶의 이야기가 더 많은 독자들에게 귀하게 읽히기를 소망한다.

다시 만난 가족,
다시 만난 세상

신로사리아

프롤로그

자기 인생이 백 퍼센트 만족스러운 사람이 있을까. 반면에 자기 인생의 모든 것이 전부 다 후회스럽기만 한 사람이 있을까. 내가 거쳐온 동네들을 사람들은 흔히 부정과 타락의 세계로 규정할 것이다. 그리고 지나온 내 삶에도 어둡고 칙칙한 순간들만 있었을 거라 짐작할 것이다. 이해관계가 동인이 되고, 욕망과 배신이 판치며, 욕설이 난무하는 험한 세계인 것은 맞다. 하지만 그곳도 '사람'이 사는 동네다. 자기보다 약한 사람을 보살피고 챙기는 이웃이 있다. 상처받은 사람들끼리 어깨를 마주하고 돕는 순간이 있다. 인간적인 정과 온기를 느끼게 해 주는 장면이 있다. 그 세계를 미화할 생각은 꿈에도 없다. 다시 태어나도 그곳을 선택하겠다는 것도 아니다. 다만 세상 이치가 그러하듯, 어디나 밝음과 어둠이 공존하듯, 내 삶에도 빛과 그늘이 함께 있었다는 뜻이다. 나의 지난 삶을 통째로 부정하고 싶지는 않다는 얘기다.

오랜 시간 함께한 손목시계

부잣집 맏딸로 자란 어린 시절

어린 시절 나의 환경은 극과 극이었다. 초등학교 4학년 때까지는 모두가 부러워할 만큼 유복하게 살다가, 하루아침에 일곱 식구가 단칸방에 사는 처지가 되었다. 큰 도시로 가서 돈을 벌겠다며 대구 집을 떠나면서 세상의 풍파를 만나기 시작했다.

대구 말씨를 쓰고 있고 대구가 고향이나 다름없지만 태어난 곳은 서울이다. 대구는 성장기를 보낸 곳이다. 우리집이 대구에 정착한 내력을 초등학교 때 엄마한테 들은 기억이 있다. 서울에서 살았던 건 세 살 때 6.25 전쟁이 나기 전까지다. 아버지가 전쟁이 곧 일어난다는 얘기를 어디서 들으셨던가 보다. 우리집은 전쟁 직전에 대구로 이사해 정착했고, 당시 엄마는 임신 중이셨다. 아버지는 대구에서 운수업을 하셨는데 봉고차 정도 크기의 차를 여러 대 운행하셨다. 어린 기억에 차장이 차 문 앞에서 손님을 태우던 것이 생각난다. 그런 차가 등장한

지 얼마 안 됐을 때였다.

살던 집도 '기역'자 구조의 상당히 큰 집이었다. 널따란 마루에 환한 유리문이 달려 있었고, 제법 넓은 마당에 항아리도 많고 꽃밭도 있었다. 학교 다닐 때도 입는 것이며 쓰는 것이며 다른 애들과 달랐다. 친구들은 보자기에 책을 싸서 몸에 두르고 다녔지만 우리는 가죽 책가방을 메고 다녔다. 필통도 가죽으로 된 것을 썼다. 친구들의 허름한 옷차림과 달리 우리는 옷차림도 제대로였다. 여름에는 일본말로 '간따꾸'라 부르던 짧은 원피스를 입었고, 당시 고급으로 치던 '사지 바지'도 입고 다녔다. 국산이 아니고 수입해 온 옷들이니 당연히 비쌌다. 부족한 것 없이 넉넉했던 우리집을 친구들이 많이 부러워했다.

윤택한 시절은 딱 그때까지였고, 그 후 집안 형편이 기울기 시작했다. 운수업은 교통사고 한번 나면 손해가 이만저만 큰 게 아니었다. 지금 같은 보험 제도가 정착되기 전이라 그랬을 것이다. 초등학교 5학년 올라가서 얼마 후 사고가 났고, 아버지는 급한 대로 돈을 끌어모아 수습했다. 그런데 이는 더 큰 불행이 오려는 전조였던 것 같다. 1년쯤 있다가 또 사고가 났는데, 집안 분위기로 보아 큰 사고라는 것을 짐작할 수 있었다. 부모님 두 분 다 자세히 말씀을 안 하시는 것이 더 공포스러웠다. 사망 사고라 아버지가 물어줘야 하는 보상금이 큰돈이었다는 것을 안 것은 한참 후였다.

당장 집부터 옮겨야 했다. 부엌도 없는 단칸 셋방으로 이사했고, 좁디좁은 방에서 일곱 식구가 살았다. 급히 이사하며 엄마가 챙겨나온 세간살이는 부엌살림과 옷가지와 이불 몇 개 그리고 드레스 미싱이 전부였다. 엄마는 우리 옷이 닳아지면 미싱을 밟아 옷을 수선해 주곤 했다.

집이 그렇게 되니 학교도 가기 싫었다. 6학년 1학기 때까지는 그런대로 다녔는데 2학기부터는 아예 안 가다시피 했다. 아침에 학교 가라고 하면 일단 책가방을 갖고 나왔다. 대구 달성공원에 단군을 모신 성전이 있었는데 거기다 책가방을 감춰 두고 친구들과 어울리다가 학교 파할 즈음 책가방 들고 집에 갔다. 공원에 책가방을 내버려 두고 집에 그냥 들어간 날도 있었다. 책가방 어디 있냐고 물으면 "내일 당번이야" 하고 둘러댔다.

그러다 기어이 꼬리를 밟히고 말았다. 달성공원에 감춰 뒀던 우리 가방을 누군가가 발견해서 학교로 보내준 거다. 엄마가 학교로 불려왔다. 학교 가기 싫어도 가라는 엄마 말씀을 듣지 않았고, 결국 졸업장을 받지 못했다. 잘살다가 하루아침에 형편이 어려워지니 어린 마음에 더 받아들이기 어려웠던 것 같다. 집에 마음을 붙일 수 없었다. 집이 싫어서 온종일 밖으로 돌다가 해 떨어지면 들어가곤 했다. 궁핍해진 집안 형편을 보면 너무나 속상했다. 오죽하면 엄마한테 차라리 공장에 취직시켜 달라고 졸랐을까. 하지만 자식 욕심이 있어서 자식들을 늘 끼고 있고 싶어 했던 엄마한테는 씨알도 안 먹히는 소리였다.

엄마는 가족과 자식에 대한 애착이 강한 분이었다. 평양 사람인 엄마는 평양에서 만난 아버지를 따라 서울로 온 거였다. 그러다 6.25 전쟁으로 고향에 못 가게 되며 가족밖에 없는 상황이 되자 자식을 늘 옆에 두려 했고 바깥에도 내보내지 않으려 했다. 당시 내가 열렬히 좋아

경복궁 나들이

했던 여성국극을 보러 가고 싶다 해도 엄마는 꿈쩍도 안 했다. 그때는 '선녀와 나무꾼' '호동왕자와 낙랑공주' 등 여성국극이 인기였다. 김경수, 김진진 등 쟁쟁한 배우들이 시민극장에 공연하러 오면 만나고 싶어 몸이 달았다. 하다못해 배우들이 묵는 숙소 앞에라도 가고 싶었다. 열정으로 치면 요즘 젊은 세대들이 아이돌 스타에 대해 갖는 팬심 못잖았다. 보내 달라고 하면 엄마는 야단치며 절대 안 된다고 했다. 엄마는 우리가 바깥에 나가는 것을 무조건 질색했다.

서울 평화시장은 돈 많이 준대!

학교도 졸업 못하고 딱히 하는 일도 없이 그렇게 시간을 죽이고 있었다. 꿈을 찾아 나아가야 할 황금 같은 10대 시절이 답답하게 흘러갔다. 마침내 집을 나오고 말았다. 대구를 떠나 서울이든 어디든 일단 가기만 하면 돈 벌 기회가 있을 것만 같았다. 무엇보다 중학교 입학시험에 합격하고도 돈이 없어 입학을 포기한 동생을 보고 있자니 속이 뒤집혔다. 도시에 가서 돈을 벌어 집으로 부치겠다는 야무진 계획을 세웠으니, 그때 나이 열여섯이었다.

친구와 기차를 타고는 서울까지는 차마 못 가고 대전에서 내렸다. 대전도 교통의 요지인 대도시이니, 제대로 내리긴 한 거였다. 하지만 막상 어디로 가야 하는지는 알지 못했다. 앳된 소녀 둘이 대전역 앞에서 어슬렁거리고 있으니 눈여겨보는 이가 있었다. 어떤 아줌마가 집이 어디냐고 묻길래 경상도 억양으로 '대구'라고 했다. 왜 왔냐고 묻길래 돈 벌러 왔다고 이실직고했다. 우리는 공장에 취직하고 싶었지만, 대전에는 공장이 없다며 아무튼 취직을 시켜준다고 해서 따라갔다. 나는 그 아줌마가 하는 양품점에서, 친구는 다른 사람이 하는 미용실에서 일하게 됐다.

그때의 양품점은 내의며 학용품이며 온갖 것을 다 파는 잡화상이었다. 가게에서 먹고 자면서 다달이 2만 원 정도를 월급으로 받았다. 60년 전의 화폐 가치로 볼 때 풍족하진 않아도 그럭저럭 내 한 달 생활비는 되었다. 어린 나이이고 처음 해 본 장사였는데 나름대로 물건을 잘 팔았던 것 같다. 대구 소녀의 애교스러운 말투 덕을 본 듯하다. 손님이 늘고 장사가 잘되니 주인이 기분이 좋았는지 6개월쯤 후엔 월급을 5만 원으로 올려 주었다.

몇 달 동안 악착같이 모아서 집에 5만 원을 보내기 위해 우체국에 갔다. 나보다 세 살 어린 동생만큼은 그 돈으로 중학교에 입학해서 제대로 공부하길 바랐다. 그런데 세상 물정에 어두워서 그랬는지, 5만 원을 송금했다는 전보만 보내고 송금 영수증을 빠뜨리고 말았다. 전보를 받은 사람은 그 영수증이 있어야 우체국에서 돈을 찾을 수 있었다. 당연히 식구들이 5만 원을 찾은 줄로 알고 있었는데, 돈이 허공에 붕 떠버린 셈이다. 몇 년 후에 엄마를 만나고 나서야 알게 되었다. 당시에 5만 원이면 큰돈이었고, 게다가 식구들 생각하며 객지에서 고생고생해서 번 돈이었다. 어찌나 아깝고 속상하던지….

나는 그런대로 적응해서 살고 있었는데 미용실에서 일하던 친구는 사정이 좀 달랐다. 그 집에 못 있겠다면서 일을 그만두고 나를 찾아왔다.

동고리 국숫집에서 일할 때.

"야, 말 들어보니까 서울 평화시장은 돈도 많이 준대. 몇십만 원씩 준대. 우리, 서울 가서 평화시장 가서 일하자."

나는 양품점에서 물건 파는 게 전부였지만 친구는 미용실 손님들한테서 이런저런 정보를 많이 들었던 모양이다. 귀가 솔깃했다. 양품점을 그만두겠다고 하면 주인이 안 보내줄 것 같았다. 옷가지만 몇 개 챙겨서 온다 간다 말도 없이 친구와 함께 서울로 향했다.

창신동에서 만난
쓰리꾼 아이들

서울역에 내려서 전차를 타고 동대문으로 갔다. 동대문에는 평화시장도 있고 광장시장도 있었는데, 그 어마어마한 규모에 놀라 입이 다물어지지 않았다. 일단은 당장 머물 곳부터 구해야 했다.

"야, 여인숙은 비싸니까 가지 말고. 장충동 가면 하꼬방촌이 있는데 거기가 방세가 싸대. 거기 가서 방 얻자."

친구는 확실히 정보에 빨랐다. 하꼬방촌은 지금으로 치면 쪽방촌이었다. 창신동의 간판도 없는 무허가 하숙집에 방을 얻었고, 거기서 이웃을 만났다. '쓰리'하는 세 명이었는데 나이가 엇비슷해서 금방 친해졌다.

"너네들은 뭐 하니?"

"우리는 평화시장 취직하려고 왔어. 너네들은 뭐하니?"

"우리는 동대문시장에서 일해"

진짜로 동대문시장에서 일하는 줄 알았는데, 하루는 이런 말을 했다.

"우리 한번 따라가 볼래? 그 대신에 우리가 움직이면 너네들은 옆에서 물건 사는 척해."

그렇게 해서 다섯이 한 팀이 되었다. 어떤 아줌마를 '타깃'으로 정하면 우리 둘은 그 앞에서 물건을 막 고르면서 사는 척했다. 그러면 나머지 셋이서 그 아줌마가 정신없는 틈을 타 가방에서 몰래 돈을 꺼냈다. 그렇게 번 돈을 처음에는 똑같이 나눈다고 하더니, 걔네가 더 많이 가져갔다. 다섯이 몰려다니면서 몇 달을 그렇게 지냈다. 그래도 평화시장에 대한 미련이 가시지 않았다. 친구한테 평화시장 가서 일자리를 알아보자고 하면, 들어가봤자 괄시하고 월급도 제대로 안 준다며 신통치 않은 반응을 보였다. 또래들과 돌아다니는 게 재미있기도 해서 평화시장 취직은 결국 포기하고 말았다.

당시 우리의 일과는 대충 이런 식이었다. 아침에 느지막이 일어나 식당 가서 아침밥을 먹고, 전철 타고 뚝섬 가서 놀면서 적당히 시간을 보냈다. 아줌마들이 시장 보러 오는 오후 2~3시에 맞춰 다시 전차 타고 동대문시장으로 갔다. 아기 업고 장 보러 나온 아줌마들로 시장이 북적북적해지면 그때부터 '쓰리'를 했다. 돈 좀 벌었다 싶은 날엔 신설극장에서 동시 상영 영화를 보기도 했다. 두 편을 연속으로 보면 시간도 잘 갔다. 같이 어울리는 게 재밌어서 노상 낄낄거리고 다녔고, 저녁에는 이 방 저 방 오가면서 장난도 치고 술도 많이 마셨다.

쓰리꾼 애들 따라다니던 그때 알게 된 사내애랑 잠시 연애도 했었다. 같이 술 마시고 이야기하다 눈이 맞았다고 할까. 나이 어린 게 싫어서 스무 살이라고 올려서 말했다. 평화시장 들어가는 게 소원이던 때라 평화시장에서 일한다고 했다. 아예 '뻥'은 아니라고 생각한 게, 집에 드레스 미싱이 있어서 미싱기를 좀 다룰 줄 알았으니까.

하루는 밤에 자는데 누가 문을 막 두드렸다. 쓰리꾼들 잡으러 들이닥친 형사들이었다. 다섯 명 모두 잡혀가서, 나와 친구, 또 다른 한 명은 미성년자라 불광동의 소년원으로 보내졌고, 성인이던 언니 둘은 서대문형무소로 갔다. 그때 내 나이 열여덟이었다. 쓰리꾼들은 우리 둘에 대해 같이 소매치기는 하지 않고 옆에 있었다고만 했다. 사실대로 말해 준 건 고마운 일이었다. 옆에 있기만 했으니까 죄가 없다고 버텨도 되었을 텐데, 어린 나이에 객지에서 형사들을 만나니 무서워서 방어할 생각을 못 했다.

'정보 교환'의 장소였던 대방동 부녀 보호소

소년원에 가니 보호자를 말하라는데, 죽어도 얘기하지 않았다. 집에서 알게 될까 봐 말하기 싫었다. 다들 부모에게 연락해 집으로 갔고, 나만 거기 남아 4개월간 있었다. 만기 4개월을 채웠는데도 보호자가 없으니 다시 대방동 부녀 보호소*로 가게 되었다. 그곳은 윤락녀들을 수용하는 곳이었는데, 나는 윤락 행위를 한 적이 없는데도 보내졌다. 알고 보니 나 말고도 그런 경우가 꽤 있었던 모양이다. 부녀 보호소에 있으면서, 오히려 몰랐던 그 세계를 알게 되었다.

여러 집결지에서 단속에 걸린 이들이 모여 있으니 이런저런 정보가 떠돌아다녔다. 어디는 단속이 덜하다, 심하다, 혹은 어느 주인(업주)은 잘 빼내 준다, 아니다 등등. 실제로 '빽'이 있고 요령 좋은 주인들

---

* 278쪽 '편집자 해설' 참조

은 '아가씨'가 파출소에 잡혀가면 먹을 것을 들여보내 주었고 빨리 빼내 주기도 했다. 그래서 아가씨들이 보호소를 나와서는, 전에 있던 곳으로 안 가고 다른 곳으로 가는 경우도 많았다.

'보호소'라는 이름을 달고 있었지만 실제로는 정보 교환의 장소였다. 거기서 '이 생활'을 청산하겠다는 사람은 보지 못했다. 이왕 이렇게 된 마당에 조건이 더 좋은 곳에 가서 단속에 안 걸리고 돈 버는 게 다들 유일한 목표였다. 실제로 집이 잘사는 경우는 거의 없었고, 열에 여덟은 집안 형편이 어려워 가족에게 보탬이 되기 위해 돈 벌려고 나온 경우였다. 나도 보호소를 나오면 청량리의 어디로 가야겠다고 마음먹었다. 집에는 가기 싫고 달리 갈 곳도 없었기에 보호소에서 얻어들은 정보를 기억해 두었다.

수용소의 일상은 따분하기만 했다. 한 방에 20~30명 정도 있었는데 7시에 일어나 8시에 밥 먹고 나면 오전 내내 하는 일 없이 있다가 12시 되면 점심 먹으러 갔다. 하루하루가 그렇게 지나갔다. 수용 기한인 3개월을 채웠는데 여전히 보호자는 없고 아직 성인은 아니니 나갈 수가 없었다. 1년 동안 기술을 배우면 나갈 수 있다 해서 옷 만드는 양장 기술을 배우기 시작했다. 그때만 해도 양장점이 많던 시절이라 취업 전망이 괜찮았다.

양장을 배운 지 6개월 정도 되었을 때의 일이다. 어느 날 서산개척단**에서 사람들이 왔다. 단장이라는 사람이 개척단에 오면 좋다면서

** 279쪽 '편집자 해설' 참조

서울 시립부녀 보호소 장면. 서울기록원 제공 사진

열띠게 홍보했다. 자유롭게 생활할 수 있고, 좋아하는 사람이 있으면 같이 살 수도 있고, 결혼하면 나갈 수 있고, 나가면 사회생활도 자유롭게 할 수 있고, 자립하면 지원금도 준다고 했다. 귀가 번쩍 뜨였다. 수용소에서 나갈 날만 목 빠지게 기다리던 차였다. 일단 개척단에 가서 도망쳐 나오면 될 것 같았다. 다들 나 같은 생각을 했는지, 신청자가 꽤 많았다. 그렇게 서산개척단 2기생에 이름을 올렸다.

며칠 후 우리를 태운 버스는 산골짜기로 한참 들어가더니 어느 인적이 드문 곳에 섰다. 허름한 집들이 다닥다닥 붙어 있었다. 부엌은 연탄을 때는 식이었고, 공동 화장실을 써야 했다. 남자들이 많았는데, 깡패 노릇 하다가 잡혀 왔다고들 했다. 초기에는 여자들끼리 지내도록 하더니 한 달쯤 지나자 여자와 남자를 짝짓기 시작했다. 단장이 "너도 시집가야지" 하면서 남자와 살 것을 강요했는데, 여자보다 남자가 훨씬 많아서 그나마 여자에게 선택권이 있었다. 남자 세 명을 세워 놓고 그중에서 고르도록 했다. 남자들은 여자를 볼 수 없었다. 인륜지대사라는 결혼이 어처구니없게도 그런 식으로 이루어졌다. 애초에 서산에 가면 결혼하는 것이 조건이었기에 안 할 수도 없었다. 그때가 1964년, 내 나이 열여덟이었다.

간혹 남자가 여자를 마음에 안 들어 하기도 했는데, 남자가 도망가면 여자는 다시 다른 남자와 결혼해야 했다. 여자 혼자 살도록 내버려두지 않았다. 게다가 남녀 비율이 안 맞으니, 각 집에서 짝 없는 남자 두 명의 식사를 책임지도록 했다. 우리집에도 매 끼니 남자 둘이 와서 밥을 먹었다.

그때 남편이 되었던 남자, 잠시 함께 살았던 그 남자는 오로지 인상이 순해 보여서 택한 거였다. 5개월쯤 살았을 때, 당시 시민회관(지금 세종문화회관)에서 윤치영 서울시장의 주례로 단체 결혼식까지 치렀다. 결혼식 끝나고는 워커힐호텔 가서 점심으로 돈가스를 먹었던 기억이 난다. 당시 결혼식 사진이 방송과 신문에도 크게 실렸다. 그 남자랑 1년 넘게 살았던 것 같은데 사이는 나쁘지 않았다. 싸울 일은 없었지만 나하고 맞는 남자는 아니었다.

‘인권 유린의 현장’ 서산개척단 탈출기

그렇게 남녀를 모아놓고 무슨 일을 벌였는가 하면, 바다를 메워 논을 만드는 간척 사업에 동원했다. 남자들이 모래를 파서 쌓아 놓으면 여자들이 머리에 이고 가서 갖다 버렸다. 서산 가면 좋다며 홍보하던 단장의 말은 죄다 거짓이었다. 자유로운 생활은커녕 외출도 허락되지 않았고, 밖으로 편지도 보낼 수 없었다. 몇 번 도망을 시도해 봤지만 소용없었으니, 꼼짝없이 갇힌 셈이 되었다. 생활도 북한처럼 완전 배급식이었다. 쌀과 보리, 연탄까지 일주일에 한 번씩 배급받아 생활했다. 서산개척단, 박정희 시절의 유명한 얘기다.

그때는 내가 머리숱도 많고 머리도 길었다. 먹고 싶은 것도 많고 담배도 피우고 싶은데 돈이 없으니 머리를 잘라서 팔았다. 갯벌로 가는 길 근처에 민가가 몇 채 있었는데, 그중 할머니 한 분이 가발 만든다고 머리카락을 샀다. 머리 자른 것을 무게 달아 돈으로 쳐주면 그 돈

통칭 서산개척단으로 불린 대한청소년개척단의 집단 결혼식 장면
<한겨레> 제공

으로 매점에서 군것질거리도 사고 담배도 사서 피웠다. 그래봤자 몇 번이었다. 머리 몇 번 자르고 나면 머리 감을 때 손에 잡히는 게 별로 없었다. 중요한 것은 빨리 그곳을 벗어나는 거였다. 꾀를 내어, 친하게 지내던 그 머리카락 할머니에게 편지를 건네며 부탁했다.

"할머니, 서산 나가면 이 편지 좀 부쳐 줘요. 꼭 좀 부쳐 주세요."

할머니가 알겠다고 하는데, 긴가민가하는 마음이었다. 그토록 연락하지 않으려고 했던 집으로 보내는 편지였다. 나 좀 데리러 오라고 엄마에게 절절히 쓴 편지였다. 답답하고 막막해서 그곳에서는 하루도 살 수가 없었다.

얼마 후 사무실에서 나를 찾는 방송이 나왔다. 거기서는 가명을 썼는데, 어떻게 알았는지 내 본명을 불렀다. 이상했다. 엄마가 온 줄은 꿈에도 모르고 사무실에 갔더니, 세상에나, 정말로 엄마가 와 있었다. 세 살배기 막냇동생을 업고 교통도 불편하던 그때 대구에서 서산 앞바다까지 찾아온 거다. 사무실에서도 다들 놀라며, 엄마가 찾아온 건 처음이라고 했다. 엄마를 몇 년만에 보니까 너무 좋아서 가슴이 막 뛰었다. 속으로 엄마를 얼마나 그리워했는지 모른다.

"너 사는 데 어디냐?"

그날, 남자를 딴 곳으로 보내고 엄마와 잤다. 세간살이라고는 궤짝 하나에 옷가지 몇 개가 전부인 조그만 방에서 몇 년 만에 엄마 옆에서 단잠을 잤다. 다음 날 아침, 엄마가 집에 가자고 했다.

"엄마, 나 여기 못 나가."

"내가 어떻게든 데리고 나갈 테니까 걱정하지 마라."

엄마는 당장 사무실로 달려갔다. 애 꼴이 말이 아니라고, 옷도 좀 사 입히고 뭣도 좀 먹여야겠다고, 데리고 나가겠다고 했다. 사무실에서 순순히 그러라고 할 리가 없었다. 엄마가 다시 억센 평양 말투로 따지자 그 기세에 눌렸는지 한발 물러서며, 우리를 차에 태워 서산까지 데려다줬다. 그 사람들이 가는 것을 보자마자 엄마가 택시를 잡더니 홍성역으로 빨리 가자고 했다. 서산에는 기차역이 없어 홍성으로 가서 기차를 타고 대구로 왔다. 열여섯에 집을 나와 몇 년을 떠돌다 그렇게 집으로 돌아왔다.

6개월쯤 얌전히 집에 있었더니 어느새 스무 살 어른이 되었다. 어느 날 뜻밖의 손님이 찾아왔다.

"언니, 어떤 남자가 바깥에서 기다려요."

동생의 말에 나가 보니 서산에서 같이 살았던 그놈이 서 있었다.

"너, 왜 왔는데?"

"같이 가자."

"안 간다. 너 가라. 넌 너대로 가라."

나와 살겠다고 도망 나온 거였다. 함께할 인연이 아니었다. 각자의 길을 가면 될 일이었다.

서산개척단에서 있었던 말도 안 되는 일들이 모두 잘못된 거였다고, 거기서 심각한 인권 침해가 있었노라고 공식적으로 인정받은 것은 그로부터 수십 년이 지나서였다. 각자 사연들이 있겠지만, 그때 거기서 빠져나오지 못하고 그냥 자리잡고 산 사람들이 아홉 가구나 된다고 들었다.

돈 벌러 내 발로 찾아간 청량리

집에 돌아온 지 두어 달 지났을 때였나, 갑자기 배가 너무 아팠다. 동산병원에 갔더니 맹장이 터지기 직전이라고 해서 급히 수술받았다. 만약 서산에 있을 때 그랬다면 치료도 제대로 못 받고 죽었을지 모른다. 그러고 나서 얼마 후에는 또 늑막염으로 고생했다.

몸이 좀 나으니까 더는 집에 있을 이유가 없었다. 집안 형편 뻔히 알면서 마냥 놀고 있을 수 없었다. 이제는 진짜 돈 벌러 가야지 싶어 당장 쓸 돈만 훔쳐서 몰래 서울로 올라왔다. 돈을 벌면 몇 년간 집에 보탤 계획이었다. 대방동 부녀 보호소에 있을 때 오가는 이야기를 듣고 기억해 둔 곳이 있었다. 청량리의 어디라고 했는데, 그 업주가 잘 해주고 계산도 똑바로 해 준다고 했다. 서산개척단에 있었던 여자들 사이에서도 비슷한 이야기들이 오갔었다.

서울역에 내려서 물어물어 청량리로 갔다. 지금은 롯데백화점이 있지만 그때는 대왕코너가 있었다. 저녁에 대왕코너 앞 골목에 가면 아가씨들이 있다고, 거기서 물어보면 가르쳐 준다고 했다. 다른 사람을 통해서 가면 소개비가 있지만, 직접 가면 소개비가 없다고 했다. 만약에 거기 있다가 다른 곳으로 팔려 가면 소개비의 반은 주인이 갚고 반은 자기가 갚아야 한다는 소리도 들었다. 소개비를 안 물기 위해서라도 직접 찾아갔다.

저녁이 되니까 정말로 여자들이 손님을 기다리며 화장하고 꾸민 차림새로 쭉 서 있었다. 가게 앞에 있는 여자한테 물었다.

"태식이 오빠네 집이 어디예요?"

왜 그러냐고 묻길래 심부름 왔다고 했다. 곧 주인의 마누라가 나와선 무슨 일이냐고 물었다.

"주인이에요?"

내가 묻자 그렇다면서 따라오라고 했다. 주인 내외와 만나 대방동에 있다가 왔다고, 여기서 일하고 싶다고 솔직하게 말했다. 주인 입장에선 일하겠다고 제 발로 온 사람이니 환영할 일이었다.

처음 이틀 동안은 방 하나 주면서 쉬라고 해서 그냥 있었다. 이런 일 해봤느냐고 묻기에 안 해봤다고 하자, 자세히 가르쳐 줬다. 밖에 나가 '오빠! 오빠!' 하며 손님을 끌어야 한다고 했다. 어떤 일인지 모르지는 않았고, 그저 돈을 벌기 위해 하는 일이라고 여겼다. 그러니 무서울 것도 없었다. 사흘째 되던 날 언니 따라 밖에 나가 처음 손님을 '모시고' 왔다. '오빠'한테 우리집에 가자고 했더니 남자가 순순히 따라왔다. 돈을 받아 돈통에 넣고는, 방에 있는 장부책에 손님한테 받은 액수를 적어 넣었다.

나는 적응을 빨리 한 편이었다. 언니들이 "저 남자 한번 끌어봐!" 하며 요령을 가르쳐 주기도 했다. 수용소에서 이미 이야기를 많이 들었기 때문에, 마치 직접 경험한 것처럼 마음으로 이미 익숙해져 있었던 것 같다.

그 집에서 한 3년 있었으니 오래 있었던 편이다. 돈은 주인이 한 달 단위로 계산해 주었다. 업주는 소문대로 계산이 정확한 사람이었고, 나도 잘했다. 어디서나 마찬가지겠지만 여기서도 서로 상부상조하는 마음이 중요했다. 그 집은 계산법이 주인과 무조건 반반 나누는 거라 100만 원 벌면 나 50만 원, 주인도 50만 원이었다. 수입은 보통 이상은 되었다. 손님이 내는 화대는 일정하지 않았는데, 가격이 딱 정해져 있는 게 아니라서 흥정이 이루어지기도 하고, 처음 이야기되었던 금액보다 요령껏 더 받아 내는 일도 있었다.

동료 중에는 돈 계산에 서툰 애들도 있었다. 산수에 약해서 영악한 주인들 때문에 손해를 보고 있으면, 옆에서 모른 척할 수 없어 대신 계산해 주곤 했다.

"100만 원 벌면 언니가 얘한테 50만 원은 줘야지. 다 먹으려고 하면 안 되잖아. 정확하게 하고 삽시다."

셈을 못 하는 애들도 있었고 글을 모르는 애들도 많았다. 안타까운 일이었다. 글은 모르는데 또 셈은 빠른 경우도 있었다. 주인들은 이렇게 나서서 참견하는 나를 건방지다고 싫어하는 눈치였지만 개의치 않았다.

용산 집결지 풍경

가끔은 동료들에게 심술을 좀 부리기도 했는데, 다른 지역에서 온 애들이나 처음 시작하는 애들에게 텃세를 부린 기억이 있다. 거리에서 호객할 때 타 지역 출신 애들이 손님을 끌고 가려고 하면 못 잡게 하곤 했다. 물론 계속 그런 건 아니었고 기를 잡느라 초반에만 그랬다. 고참이라고 나름 행세 좀 해 본 것이었으니, 그렇게 못된 짓은 아니었다고 생각한다.

사람들은 이 일을 하는 동기가 무엇인지 궁금해했고 호기심 가득한 눈으로 보곤 했다. 사람마다 다르겠지만 내 경우엔 오로지 돈이었다. 중학교 진학을 포기한 동생을 생각하며 돈 벌어 집에 보태겠다는 생각 하나였다. 누가 뭐라고 하든 말든 돈만 벌면 된다고 생각했고, 돈 벌어서 집에 돌아가는 날만 꿈꿨다.

뒷골목의 필요악,
기둥서방

비록 뒷골목에 있었지만 몸도 마음도 새파란 청춘이었다. 풋풋한 연애는 꿈도 못 꿀 상황에서 기둥서방이 서방이랍시고 들락거리니 정 붙이고 의지하는 마음이 생기곤 했다. 뒷골목에선 기둥서방이 필요악 같은 존재다. 혼자 있어 보려고 해도 그럴 수가 없다. 혼자 있으면 포주가 나서서 어떻게든 기둥서방을 만들어 붙여놓으니까. '외로울까 봐 걱정되어서'가 아니고, 기둥서방이 있으면 그 집을 쉽게 못 떠나는 심리를 알고 이용하는 것이다. 여자를 업소에 오래 붙잡아 두는 고리 역할을 기둥서방이 하는 셈이다.

기둥서방을 '악(惡)'으로 표현한 데는 그만한 이유가 있다. 어떻게 생겨난 법칙인지는 모르겠는데, 뒷골목에서는 여자가 기둥서방을 전적으로 먹여살려야 한다. 용돈도 줘야 하고 옷도 사 줘야 하고 생활비도 다 대야 한다. '서방'이니 하루 장사가 끝나면 같이 자는 것은 물론이다. 기둥서방이 하는 일은 오직 하나. 단속이 오나 안 오나 봐 주는 것이다. 거기서는 '타치'를 봐준다고들 했다. 서방들 중에는 돈벌이가 시원찮다고, 용돈을 많이 안 준다고 여자를 두드려 패는 사람도 있는데, 다행히 나는 그런 폭력은 당하지 않았다.

정식 부부는 아니어도 서방처럼 여기며 살다 보면 정이 들기 마련이다. 게다가 업소 하나에 아가씨들이 여럿 있고 아가씨마다 각자 서방들이 있으니 우습게도 서방들의 차림새 같은 것이 서로 비교되기도 했다. 묘한 경쟁 심리가 생기면서 내 서방이 다른 서방들보다 잘나 보였으면 좋겠고 내 서방이 기죽지 않았으면 좋겠다는 마음이 생긴다. 나는 대충 입더라도 서방은 잘 입히고 싶은 거다. 어쨌든 내 서방이니까.

하지만 그렇게 정성을 들일 필요가 없는 것이, 1~2년 살다 깨지는 관계이기 때문이다. 사실 혼인 신고도 안 되어 있고 결혼식도 안 했는데 피차 무슨 부담을 갖겠나. 만나고 헤어지는 것이 자유로워서 싫증나면 누구든, 언제든, 떠날 수 있었다. 그런데 보통 먼저 변심하는 쪽은 서방이었다. 그 바람에 같은 뒷골목에서 친구로, 언니 동생으로 지내다 하루아침에 연적이 되기도 했다. 어제까지 나의 서방이었던 사람이 오늘부터는 친구의 서방인 식이다.

스물두 살쯤이었나, 어제까지 나의 서방이었던 사람이 오늘부터 옆방 동생의 서방이 되었다. 그 여자애랑 조금만 살다 오겠다며 떠났는데, 말로는 괜찮다고, 가라고 했지만 괜찮지 않았다. 마음이 무너지는 듯 아프고 고통스러웠다. 나도 모르게 정이 깊이 들었던가 보다. 빨리

아버지 제사

잊는 게 최선인데 그렇게 되질 않았다. 상대가 멀리 있지 않으니 괴로움이 더했다.

실연의 상처가 너무 깊었다. 그놈이 떠나고 얼마 안 됐을 때였다. 추운 겨울날, 마음 모질게 먹고 약국에서 '세코날(환각제)' 30알을 사 왔다. 밖에서 누가 못 들어오게 문을 걸어 잠그고 약을 삼켰다. 죽을 운이 아니었는지, 내가 안 보이니까 친구가 찾아왔고, 문고리가 안에서 걸려 있는 것을 보고는 급히 젓가락으로 고리를 풀어 문을 열었다.

바로 청량리 성바오로병원 응급실로 실려가 위 세척용 호스가 복부 깊숙이 내려오는 통증에 깨어났다. 살아난 걸 기뻐해야 하나. 멍한 상태로 이틀 간 입원해 있는데 나를 살려 준 친구가 와서는 현실을 톡톡히 일깨워 줬다.

"야, 병원비 많이 나온대. 화장실로 따라 와. 옷 갖고 왔으니까, 갈아입고 튀어."

친구가 망 봐 주는 틈을 타서 얼른 옷 갈아입고 도망 나왔다. 병원비를 감당할 수 없었다. 그러고서는 한 달 동안 병원 앞을 못 지나다녔다.

목숨이 위태로울 때 나를 살려 낸 그 친구, 병원비를 어쨌든 '해결'하게 해 준 그 친구, 그 친구가 나중에 약을 먹고 세상을 떠났으니, 인생은 참 아이러니하고 인연은 참 묘한 거다. 청량리에서 몇 달 동안 같이 있었던 그 친구는 영등포로 옮겼다가 업주 집에서 그랬다고 들었다. 누구든 빨리 발견했으면 나처럼 목숨을 건졌을 건데, 그때는 전화기도 귀했고, 지금처럼 연락이 바로바로 닿지 못했다. 나를 살려 놓고 자기는 그렇게 가 버리다니….

친구 좋아해서 망한다고?

성바오로병원에는 그때 그 일 말고도 이래저래 갈 일이 많았는데, 누군가 왜 맨날 성바오로병원이었냐고 묻는다면 답은 간단하다. 우리가 장사하는 골목과 바로 붙어 있었기 때문이다. 병원에 갈 일이 있으면 으레 그 병원이었다.

친구가 임신을 했는데 수술받을 시기를 놓쳐서 낙태를 못하고 임신 8개월이 되었다. 자꾸 배가 아프다고 해서 저녁에 성바오로병원 응급실에 데려갔다. 의사가 보더니 주사를 놔 주며 입원하라고 했다. 일단 입원은 했지만 또 그놈의 병원비가 문제라 친구가 안절부절못했다. 같은 병원에서 같은 고민을 해 봤던 나로서는 귀띔해 줄 방법이 한 가지뿐이었다. 일단 그날 밤은 자고 다음날 아침에 슬그머니 나오면 된다고 일러줬다. 그게 가능하다는 것을 경험으로 알고 있었으니까. 다음날 아침, 친구는 정말 환자복 차림으로 자연스럽게 병원을 빠져나왔다. 다행스럽게도 출입문이 양쪽에 있는 병원이라 가능한 일이었다. 그래도 그렇지, 혹시, 바로 옆에 붙어 있는 뒷골목 환자들에게 야박하게 대하지 말라는 내부 방침이라도 있었던 건 아닐까. 치료 받다 말고 튀어 버린 임신부 친구는 다행히 뒤탈 없이 나았다.

형미라는 친구도 그 병원 신세를 제대로 진 적이 있다. '긴밤' 손님을 받고는 계속 같이 있지 않고 다른 방에 가서 다른 손님한테 장사한 게 화근이 되었다. '긴밤' 손님이 이에 앙심을 품고 칼로 형미의 눈을 찌르는 끔찍한 일이 벌어진 것이다. 살인미수나 다름없는 잔인한 범죄였다. 급히 성바오로병원에서 치료받았지만 형미는 결국 눈을 잃었고 평생 안대를 착용해야 하는 신세가 되었다. 형미도 그때 치료비를 못 내고 몰래 도망 나왔는데, 형미가 지금 독실한 기독교 신자로 살고 있는 것이 우연은 아닐 것이다.

그렇다고 해서 우리가 맨날 병원비를 안 내고 '먹튀'만 했던 건 아니다. 한 번은 승우 엄마랑 둘이서 술이 잔뜩 취한 채 걸어가다 앞으로 자빠진 적이 있다. 얼굴을 시멘트 바닥에 긁히는 바람에 피부가 다 벗겨져서 얼굴이 피범벅이 되었고, 그날밤 병원까지 가는 길에 나를 본 사람들은 다들 화들짝 놀라서 어쩔 줄 몰라 했다. 그날도 성바오로병원 응급실에서 치료받고 다음날 퇴원했는데 그날은 병원비를 제대로 내고 나왔다. 친구가 장사하는 집에서 아가씨들 밥해 줄 때였던 걸로 기억한다. 그때 얼굴 다쳐서 상처 아무느라 고생할 때 누군가 나한테 쓴소리를 했었다.

"야, 이년아, 너는 친구 좋아하다가 망해. 친구라고 해 봤자 맨날 너한테 얻어먹으려는 빈대들만 오지? 올바른 친구가 한 명도 없으니까 따라다니지 말라고. 알았어?”

한창 활동적일 30대 나이였고, 또 내가 친구 좋아하고 사람 좋아하는 것도 사실이었다. 하지만 나의 그런 면모가 누구 눈에는 한심해 보일지 몰라도 내 인생을 망치는 ‘문제’일 리는 없지 않은가. 그래서 그런지 지금까지도 대인 관계가 나쁘지 않은 편이다. 그때 알았던 친구들 중에 지금도 연락하는 이들이 있고, 지금도 모이면 옛날 이야기 하면서 술 먹고 고스톱 치며 재미있게 보낸다. 그중에는 결혼해서 잘 사는 이들도 꽤 된다. 손님과 결혼한 경우는 드물고 주로 건달과 결혼한 경우였는데, 그래도 자식 낳고 사니까 결혼 생활을 그런대로 잘 유지하는 것 같다.

수용소에도 감투가 있다네

이 일을 스무 살 무렵에 시작해 서른이 되기 전에 그만두었다. 20대 후반이었으니 나이를 생각하면 이른 편이었는데, 뒷골목에서 가장 두려웠던 것은 돈도, 사람도 아니다. 제일 무서웠던 것은 다름아닌 임신이다. 매일매일 그 공포가 어마어마했다. 게다가 맨날 단속에 걸려 보호소니 기술원이니, 수용소에 갇혀 있는 것도 못할 짓이었다. 내내 단속되고 처벌받고… 그 신물나는 반복이었다.

단속에 걸리면 대방동 부녀 보호소나 수서동 동부여자기술원으로 보내졌다. 수서동 기술원에는 7~8번 정도 들어갔다 나왔는데, 거기서는 취사장에서도 있어 봤다. 처음에는 다른 이들과 함께 일반 방에 있다가 하도 골치가 아파 취사장으로 옮겨 달라고 했다. 한 방에 수용된 인원이 20명씩 되었는데, 방마다 '실장'이 있어 일종의 리더 역할을 했다. 실장을 여러 번 맡게 되면서 그들을 관리하는 일이 여간 머리 아픈 게 아니었다. 다들 성격도 다른데다 나름대로 성깔 있는 애들이라 말이 먹혀들지 않았다. 성질은 나는데, 때릴 수도 없고, 그렇다고 안 때릴 수도 없고…. 취사장에서는 여덟 명이서 하루 세 끼 200~300명 분 식사를 준비했다. 철저한 군대식 분위기에 단체 급식 조리 일이라 몸은 고되었지만 애들과 안 부딪치니 차라리 마음은 편했다. 그런데 재미있는 건, 취사장에서도 회장을 맡았다는 사실이다. 소리지르지 않고, 귀찮게하지 않고, 못하면 못하는 대로 내버려두는 스타일이라 사람들이 편하게 여겼던 것 같다. 아무튼 '감투 복'은 있는지, 어디 가서든 무슨 감투든 꼭 감투를 썼다.

수서동 기술원만큼이나 친숙한 곳, 대방동 보호소는 들어가면 무조건 3개월 있어야 하는데, 어떤 해에는 두 번이나 들어갔다 나오기도 했다. 포주들이 잡히는 경우도 있지만 포주들은 보통 서류상 남편이 있어서 금방 빠져나가고, 아가씨들만 체에 걸러지듯 남겨진다.

보호소에서도 방마다 실장이 있어 각 방을 관리했는데, 거기서도 실장이 되었다. 실장들보다 한 단계 위의 '총회장'이 되면 일종의 '대빵'이 되는 셈이라 보호생들의 대표자로 인정받고 혜택도 받았다. 어떤 혜택인가 하면, 10일을 빼 주는 거다. 90일 있다 나와야 하는 것을 80일만에 나올 수 있으니, 실속 있는 감투였다. 총회장은 겉으로 보기에는 사감이 뽑는 형식이지만 실제로는 실장들이 정해서 사감한테 귀띔하는 식이었다. 보호소에서 총회장 했던 '장미'라는 친구가 지금 안양에 사는데 여전히 연락하고 지낸다.

보호소에 있다 보면 정말 무섭고 독한 애들도 보게 된다. '영등포

애경이'라는 이름으로 유명했던 애가 있는데, 말도 안 되는 이유를 들어 보호생들을 때리고 담뱃불로 지지는 등 못되게 굴었다. 대방동 보호소에 있어 본 애들은 거의 다 알 거다. 애경이는 포악한 성미로도 유명했지만 보호소를 나갈 생각을 않고 보호생들의 우두머리 노릇 하면서 눌러앉아 살았던 걸로도 유명했다. 직업 군인들을 가리켜 속칭 군대에 '말뚝' 박았다고 하듯이 애경이도 보호소에 말뚝을 박은 양 낮에 외출했다 저녁에 돌아오곤 했다.

애경이는 나와도 껄끄러운 사연이 있었다. 청량리에 있을 때였다. 내 친구 은숙이가 하필이면 애경이의 애인을 꼬시는 바람에 애경이가 나를 찾아온 일이 있었다. 그것도 식칼을 들고…. 과연 애경이다웠다. 내가 은숙이 있는 곳을 알 거라고 사람들이 말하더라며 식칼을 앞에 놓고 무섭게 추궁했다. 은숙이랑 연락 끊긴 지 오래라고 시치미를 떼서 돌려보냈지만, 사실이 아니었다. 실제로 은숙이가 그 남자와 함께 나를 찾아온 적도 있었다. 식칼이 앞에 있고 애경이가 무서운 애라는 걸 알고 있었음에도 왠지 겁은 나지 않았다. 미우나 고우나 어쨌든 친구인데 설마 나를 어떻게 하지는 않을 거라고 봤으니까. 그 애경이가 20년 전에 마장동에서 죽었다는 소식을 들었다. 그렇게 못된 짓을 많이 하더니 결국 세상을 떠났구나 싶어 오래도록 마음이 착잡했다.

속옷 차림으로 저항했지만 돌아온 건 이중 처벌

한 번은 여섯 명이 청량리에서 단속에 걸려 차에 태워졌다. 차가 대방동 보호소로 가고 있음을 바로 알았다. 거기 들어가면 무조건 3개월 있어야 나올 수 있으니 어떻게든 피해야 했다. 한 명이 꾀를 냈다.

"야! 우리 대방동 가서 내리지 말자!"

그리고 차에서 내리지 않고 버티기 위해 옷을 다 벗기로 했다. 팬티만 입은 여자들을 누가 건드리랴. 경찰도 경비원도 고개를 내저었다. 그렇게 우리의 필사의 작전이 성공해 대방동행을 면할 수 있었다. 그러자 우리를 대방동으로 데려갔던 형사(이름이 '정철이'였다)는 차의 방향을 틀어 도로 청량리로 향했다. 청량리경찰서에 있다가 다음날 뚝섬 즉결재판소에서 구류 1주일 처분을 받고 청량리경찰서에서 1주일을 살고 나왔다. 문제는, 그날 형사 정철이가 다시 우리를 대방동으로 데려가 3개월간 수용당하게 만들었다는 것이다. 이런 말도 안 되는 이중 처벌이 버젓이 행해졌었다. 어떻게 세상에 이럴 수가 있나? 힘이 없으니 꼼짝없이 당했지만, 그때의 자료를 찾아내서 근거를 댈 수만 있다면 이제라도 정식으로 문제삼아 국가 배상을 받아야 될 일 아닌가 싶다.

분명히 해 두고 싶은 것이 한 가지 더 있는데, 구류 처분을 받고 경찰서 유치장에 들어갈 때 지문을 찍게 되어 있다. 난 그때 주민등록이 없었으니 지문을 찍어도 이름도 주소도 안 나왔을 것이고 확인되는 것이 전혀 없었을 텐데, 내 신상 정보를 어떻게 처리했는지 모르겠다. 지문을 바꿔치기라도 한 것인지…. 공권력이라는 것이 사람을 죽일 수도 있고 살릴 수도 있는 막강한 것인데, 그렇게 함부로 쓰였다는 사실이 기가 막힐 뿐이다. 돌아보면 우리는 늘 인권의 사각지대에 있었다. 이제라도 두루 진실이 밝혀지기를 바란다.

실제로 2024년 1월 16일에 우리 사회 전체로 보나, 나 개인으로 보나 뜻깊은 일이 있었다. 진실·화해를위한과거사정리위원회(진실화해위)의 결정문을 받았는데, 1980년대 여성 수용 시설에 수용되었던 여성들이 인권 침해를 당했으니 국가가 피해자들에게 사과하고 피해·명예 회복을 위해 적절한 조치를 취하라는 내용이었다. 여성 수용시설에서 있었던 인권 침해를 국가 기관이 처음 인정한 것이라고 했다. 사필귀정(事必歸正)이라는 말이 떠올랐다. 사실 2022년에 조사를 시작한다는 소식은 들었으나, 이런 결과가 나올지는 반신반의하고 있었다. 뒤늦게라도 피해·명예 회복이 이루어진다면 그동안의 억울함이 좀 가실까. 분하고 원통했지만, 이 일에 아무도 관심을 기울여 주지 않았고 다들 모른척했다. 나 역시, 억울하다고 말하면 안 되는 줄 알았다. 아니, 억울한 게 아닌 줄 알았다. 사랑하는 내 나라가 나 같은 억울한 피해자들의 한을 풀어 주고 피해·명예 회복도 이루어지도록 힘써주길 바란다. 아울러 앞으로 억울한 피해자들이 더는 생기지 않도록 대비책도 단단히 마련해 주면 좋겠다.

놀다 가시오!
놀다 가시오!

한 번은 대방동 보호소에서 나온 지 얼마 안 되었는데 또 단속에 걸리자 내 성질을 이기지 못해 하마터면 큰일날 뻔한 적이 있다. 그날은 붙들려 온 아가씨들이 유독 많았다. 다들 경찰서로 넘겨져 지하에 수용되었는데, 언제 내보내 줄지 기약이 없으니 부아가 치밀었다. 어차피 죽기 아니면 살기이고, 이리 넘겨지나 저리 넘겨지나 마찬가지다 싶었다. 어떻게든 이 화를 풀어내지 않으면 미쳐 버릴 것 같았다.

마침 천장에 백열등이 매달려 있는 것이 보였다. 애들더러 엎드리라고 해서 밟고 올라가선 전구를 양손으로 깨 버렸다. 날카로운 파열음과 함께 불이 나갔고, 전구 파편에 살이 베이면서 양손에서 피가 철철 흘렀다. 지하 공간은 순식간에 비명 소리로 아수라장이 되었다. 웬 소란인가 하고 내려온 형사들이 나를 보고는 형사과로 데리고 올라갔다.

보안계장이 빨리 병원에 가라는데, 듣지 않았다. 경찰들이 데려가려 해도 완강히 거부했다. 가족을 찾으러 고향에 내려가야 되는데 이렇게 잡혀 왔으니 못 내려가지 않냐고, 그러니 그냥 죽게 내버려두라면서 한사코 버텼다. 어떻게 보면 억지일 수 있는데, 보안계장이 수술받고 오면 내보내 줄 테니 가족을 찾으라며 차분히 설득했다. 다시는 이런 생활하지 말라는 말도 빼놓지 않았다. 왠지 그의 말에 마음이 누그러져 고집을 꺾고 병원에 가서 치료받고 왔다. 그날도 성바오로병원이었음은 물론이다. 지금도 양쪽 손목에 그때 꿰맨 상처가 남아 있다.

다음날 아침, 내보내 달라 했더니 보안계장이 밥이나 먹고 가라며 설렁탕을 시켜 줬다. 설렁탕을 먹고 나자, 순찰차에 태우더니 처음 잡혔던 곳에 내려 줬다. 와서 보니까 동네가 웬일로 쥐죽은듯이 조용했다. 내가 경찰서에서 사고쳤다는 소문이 쫙 퍼지면서 이제 쑥대밭이 되겠다고 생각한 포주들이 다 튄 것이다. 그때 행여 잘못되어 동맥이라도 다쳤더라면 생명이 위험했을 텐데, 그때는 그런 생각도 하지 못했다. 청량리에서 지낸 지 6년쯤 지났을까? 스물일곱 살 무렵의 일이다.

그 무렵, 손님 받는 일을 그만두고 호객만 하는 '펨푸'로 방향을 바꿨다. 돈을 벌려면 손님을 받는 게 나았지만, 임신이 될까 봐 두려웠다. 주민등록도 없는데 아이까지 낳게 되면 큰일이다 싶었다. 그만큼 임신 스트레스가 엄청났기에 결국 그 일을 그만두고 '펨푸'로 나섰는데 막상 해 보니 수입 차이가 어마어마했다. 직접 뛰는 애들이 100

만 원 번다 치면 나는 10만 원 버는 꼴이었다. 걔네들은 돈을 잘 버니까 옷도 삐까뻔쩍하게 잘 입고 다녔지만 별로 부럽지 않았다. 동네 건달들은 이런 나를 보고, 저녁마다 허름한 국방색 바지에 머플러 쓰고 "놀다 가시오. 놀다 가시오" 한다며, 별나다고 했다. 별나다는 말을 들어도 어쩔 수 없었다.

그래도 평범하게 일해서 먹고사는 사람들보다는 수입이 나았다. 뒷골목에 있을 때 솔직히 말해 돈을 못 벌었다는 말은 하기 어렵다. 다만 헤프게 쓰다 보니 모일 새가 없었을 뿐. 화투판에서도 썼고, 오락실과 나이트클럽에서도 많이 썼다. 유흥 쪽으로 해 볼 것은 거의 다 해봤다고나 할까.

부모 형제는
언제 만날 수 있을까

그래도 마음은 항상 가족을 향해 가 있었다. 부모 형제에 대한 사무치는 그리움에 가슴 한켠이 시릴 정도였다. 통장이 좀 두둑해졌을 때 드디어 가족을 만나러 대구에 내려갔다. 옛날 기억을 되살려 집을 찾아갔지만 어디론가 이사 가고 아무도 없었다. 동네 구멍가게 아줌마에게 물어봐도 어디로 갔는지 모른다고 했다. 이틀 동안 머물면서 수소문해보다 그냥 돌아오고 말았다. 그 뒤로도 몇 번 더 내려가서 찾아봤지만 매번 허탕이었다.

나중에는 다른 방법을 써 보기도 했다. 졸업은 못 했어도 학교에 가면 방법이 있을 것도 같았다. 다니던 학교에 찾아가 사정을 이야기하고 부모님 이름을 연결고리로 해서 알아봤지만, 소득이 없었다. 실망하지 않았다고 하면 거짓말이다. 그래도 포기하기에는 아직 일렀다. '언젠가는 찾겠지' '한 번은 만나게 되겠지' 막연하게 그런 믿음이 있었다.

그러는 사이 생활에도 변화가 있었다. 30대 초반쯤이었을까. 가족은 찾을 수 없고, 이 일이 너무나 지겹고 하기 싫어 미칠 지경이었다. 다행히 수중에 돈은 좀 있었기에 매일 저녁 일은 안 하고 술만 마시고 다녔다. 심지어 영업하는 친구들까지 불러내서 청량리부터 동대문까지 포장마차와 극장들을 순례하고 다녔다. 혼자서 그러면 모를까, 일하는 동료들까지 데리고 나가니 주인이 좋아할 리 없었다. 하루는 주인이 정색하더니, 정 일하기 싫으면 하지 말라고, 대신에 애들은 데리고 나가지 말라고 했다. 여전히 마음 못 잡고 방황하는 나를 보고, 친구 하나가 뜻밖의 제안을 했다.

"그럼, 우리집에 와서 애들 밥이나 해 주고 있을래? 월급은 줄게."

이 바닥에서 일찍 눈을 떠서 업주가 된 친구였다. 그 집에서 월급 50만 원 받으며 아가씨들 밥해 주는 일을 하기 시작했다. 그러다 문득 밥해 주는 일을 때려치우고 다시 펨푸 일을 할까 생각해 보기도 했지만, 용기가 안 났다. 그냥 다 싫고 지긋지긋했다.

속절없이 세월이 흘러갔다. 나이 마흔이 넘어가니, 부모님 연세가 더 들기 전에 빨리 찾아야겠다 싶어 마음이 조급해졌다. 방법은 모르겠고 고민만 깊을 때, 한 친구가 통장에게 부탁해 보자고 했다. 그때만 해도 동네 통장이면 끗발이 좋았다. 친구와 같이 통장을 찾아가 자초지종을 얘기하니 자기가 찾아 주겠다면서 걱정하지 말라고 했다. 사례비로 100만 원을 건네고 돌아오면서, 이젠 정말 가족을 만날 수 있겠다는 기대로 마음이 붕 떴다.

사흘 만에 돌아온 통장은 표정이 어두웠다. 기록에 이름이 안 나온다며 비용으로 쓰고 남은 50만 원을 내놓는데, 맥이 탁 풀려 왔다. 가족을 못 만나는데 돈이 다 무슨 의미가 있나 싶었다. 될 대로 되라며, 돈벌이도 정도껏 하자는 마음이었다. 다시 시작한 펨푸 생활도 싫어져서 노름판에 다니기 시작한 것이 그때부터다.

'될 대로 돼라!'
노름으로 탕진한 세월

이런 나를 안타깝게 본 친구가 있었다. 나보다 두 살 많은데 아가씨 장사를 하고 있었다. 나이 차이는 있지만 야자 트고 친하게 지냈다.

"정희야, 너희 주인이 그러는데 너, 펨푸 생활도 안 하고 맨날 노름판에 간다며?"

"그래, 나 노름해."

"노름하고 그러지 말고, 우리집에 와서 일 좀 해라. 유치원 다니는 딸이 있는데, 걔 공부도 좀 가르쳐 주면서 뒷일 좀 해라."

"나, 음식 할 줄 몰라."

"음식은 내가 할 테니까 너는 설거지하고 청소만 해."

그 집에서 먹고 자면서 50만 원을 받는 조건이었다. 그 친구 집에서 3년 넘게 있었으니 오래 있었던 셈이다. 하지만 친구의 선의에도 불구하고 노름을 끊을 수 없었다. 친구 딸이 공부하고 밤 11시쯤 잠들면 문 잠가 놓고 노름하러 갔다. 친구 딸과 내가 지내는 집이 따로 떨어져 있어 친구는 처음에는 알지 못했으나, 꼬리가 길면 밟히는 법이다.

"야! 어쩌면 애 혼자 두고 그렇게 가냐? 너, 너무한다, 진짜."

할 말이 없었다. 친구가 나한테 직접 돈을 주면 안 되겠다며 적금을 들어 줬다. 내가 쓸 용돈 빼고 한 달에 20~30만 원을 2년 동안 붓고 500만 원을 타는 적금이었다. 2년이 흘러 500만 원을 타서는 바로 짓고땡 판에서 300만 원 넘게 잃었다. 속이 쓰렸지만, 누구를 탓하랴.

친구 집에 오래 있으니 3년 지나 월급이 80만 원으로 올랐다. 친구가 한 달에 40~50만 원씩 1년 동안 붓는 500만 원짜리 적금을 다시 들어 줬다. 이 돈도 하나도 못 건지고 노름판에서 다 날릴 뻔했는데, 친구 덕분에 지킬 수 있었다. 짓고땡 판에서는 내가 적금 든 게 있다는 것을 다들 알고 있었다. 적금 타면 갚겠다 하고 선이자로 10%를 떼고 빌린 돈이 400만 원 이상 되었다. 적금 탈 때가 슬슬 되어 가는데, 노름빚을 갚고 나면 한 푼도 안 남을 판이라 속이 편치 않았다. 내색은 못하고 끙끙 앓고 있는데 친구가 먼저 말을 꺼냈다. 친구는 나를 정확하게 파악하고 있었다.

"야, 너, 적금 그거 하나도 없지?"

"응, 없어."

"너 여기 있다가는 안 되겠다. 내가 보태 줄 테니까 여기 떠나라. 여기 있어 봤자 백날…. 너, 전에도 한 번 그랬고 이번에 또 그랬다. 어렵게 일한 돈으로 그거 갚을 필요 없어. 그 돈 받으러 오면 내가 지랄할 테니까. 너 도망갔다고 이야기한다."

노름빚 받으러 오면 자기가 책임질 테니까 갚지 말라고 했다. 친구는 내 적금 500만 원에 자기 돈 200만 원을 보태 700만 원을 챙겨 주며, 자기 아는 동생이 있는 부평으로 가라고 했다.

집은 부평에,
일터는 수원에

부평에서 지내던 어느 날, 친구가 얼굴이라도 한 번 보자고 해서 조용히 다니러 갔다. 친구와 족발 안주에 술 한 잔하고 있는데 갑자기 초인종이 울렸다. 나한테 노름빚을 받으러 온 사람임을 직감했다. 조심한다고 했는데도 누구 눈에 띄었던 모양이다. 일단 친구 딸내미 방의 장롱 안에 숨고, 친구가 시치미를 떼서 겨우 따돌려 보냈다.

부평에서는 매일 출퇴근하며 펨푸로 일했다. 처음 도착해서는, 수중에 있던 돈으로 방 하나 얻고 기본 살림 장만하니 순식간에 몇백만 원이 나갔다. 생활을 꾸려 가기 위해서는 다달이 수입이 필요했다. 생각 끝에 서울역 쪽에 나가 보니 봉래동에 아는 애들이 몇 명 있었고, 승호 엄마가 수원에 있다는 얘기를 들을 수 있었다. 단속이 좀 덜한 곳으로 옮긴 건가 싶었다. 승호 엄마와는 친한 사이라 일단 만나면 무슨 수든 생길 것 같았다. 수원역 앞에 가면 찾을 수 있다기에 친구 영

용산에서 살던 집

아와 같이 수원으로 향했다.

영아가 수원의 승호 엄마 집에서 영업하고 내가 펨푸로 손님을 끌어다 주기로 했다. 그렇게 해서 졸지에 부평에서 수원까지 매일 출퇴근하는 일상이 시작되었다. 부평에서 전철을 타고 구로역에서 내려 육교를 건너 수원행 전철로 갈아타는 코스였다. 수원에서는 밤이면 으레 술을 마셨는데, 때로는 많이 마시게 되는 날도 있었다. 그런 날은 아예 수원 친구 방에서 자고 다음날 첫차로 돌아왔다. 고생스럽고 피곤해도 매일 저녁 꼬박꼬박 출근했다. 돈벌이가 괜찮은 편이라 하루에 10만 원, 못해도 7~8만 원 수입은 올릴 수 있었다. 가끔 게으름을 부리고 싶을 때도 있었지만, 내가 안 나가면 친구가 영업을 못 하니 안 빠지고 착실하게 나갔다. 친구 방에서 자고 오는 한이 있더라도 3년 정도 그렇게 생활했다.

그래도 부평에서 수원으로 이사할 생각은 안 들었다. 몸은 고되어도 부평에 사는 것이 편했고, 무엇보다도 나를 귀찮게 하는 사람이 없어서 좋았다. 동네 어르신들과도 친하게 지냈다. 평상에서 소일하는 할머니들을 만나면 인사도 하고 음료수도 사 드리곤 했다.

마음이 바람 같은지 어떨 때는 집에 들어오기 싫어 며칠씩 다른 곳에서 지내다 오기도 했다. 청량리 등 친구들 장사하는 데 가서 거들어주며 며칠씩 머물렀다. 그러다 이제 집에 가서 좀 쉬어야겠다 싶으면 또 돌아오곤 했다. 거칠 것 없이 자유롭게 살았다. 그렇게 3년쯤 지났을 때였나, 이제 슬슬 부평 생활을 정리하고 싶다는 마음이 들었다. 셋방이니 그대로 두면 보증금에서 계산되겠거니 하고 미련 없이 부평을 떠났다.

다시 만난 옛 친구

한동안 부평을 거주지로 수원을 영업지로 삼아 오가다가, 친구 따라 부평을 떠나 청량리로 와서는 다시 펨푸로 일하며 화투 치고 살았다. 그러다 철수 오빠네 가게에서 아가씨들 밥해 주는 일을 하게 됐다. 마침 철수 오빠의 마누라 순자와도 친했기에 잘됐다 싶었다. 철수 오빠는 업주이자 건달인데 나한테 잘해 줬다. 어느 날 그 오빠가 먼저 운을 뗐다.

"야, 너는 '오시오~ 오시오~' 하면서 손님 모셔 갖고 돈 만 원, 이만 원 벌어서 맨날 그 화투방에서 사냐? 너 그런다며?"

"웃기는 소리 하고 있어. 내가 뭐 화투 치고 그래?"

일단 잡아뗐다. 부부가 보기에 내가 딱해 보였나 보다. 순자가 말했다.

"야, 우리집에 와서 아가씨들 밥 좀 해 줘. 100만 원 줄게."

그렇게 하면 화투를 좀 덜 치게 되지 않을까. 그러겠다고 했다. 한 달에 100만 원 받으며 아가씨들의 세 끼 식사를 책임졌는데, 그 집에서 일하다 보니 가욋돈이 생기기도 했다. 본의 아니게 철수 오빠의 술친구 노릇을 해 주면서 받는 용돈이었다. 철수 오빠는 낮에도 술을 마시는 진정한 애주가였는데, 순자는 안타깝게도 술을 못했다. 술이라면 나도 이력이 난 사람 아닌가. 오빠는 낮부터 술자리를 펴고 나를 불렀다.

"정희야! 정희야! 술 한잔하자."

"나, 일해야 돼. 안 돼. 먹으려면 저녁에 먹어야 돼."

"야!"

오빠는 바로 순자를 호출해서, 나한테 일 시키지 말라고 했다. 그러면 성격 좋은 순자는 화도 안 내면서, 일하지 말고 오빠와 술 마시라고 했다. 그렇게 대낮에 마주 앉은 술상에서 오빠는 나한테 "너 고생한다" 이러면서 돈을 쥐여주곤 했다. 지금도 기억나는 것은, 오빠가 두껍고 비싸 보이던 방석 밑에서 돈을 집어 주던 것이다. 그러면 나는 장난기가 동해서 "애걔, 요거 주고 말아? 주려면 제대로 주고, 말려면 말아" 대꾸하면 오빠는 또 "알았어" 하면서 돈을 더 집어 줬다. 나는 또 순자한테 "야, 너그 신랑이 막 이렇게 돈 준다!" 이렇게 농을 치면 순자도 "줄 때 받아!" 하면서 넘기곤 했다. 셋 다 서로 믿고 친했기에 가능한 일이다. 그 오빠도 술 한 잔 했을 때나 그렇지, 맨정신으로는 절대 그런 일이 없었다. 그 집에서 2년 정도 있었는데, 거기서도 화투는 꾸준히 계속했다.

성경 필사

그 무렵, 연락이 끊긴 옛 친구 은숙이가 용산에 있다는 소식을 들었다. 용산역 앞에 가면 은숙이를 만날 수 있다고 했다. 당장 가서 보고 싶었지만 하루 세 끼 식사 준비에 묶여 시간을 낼 수 없었다. 소식을 전해 준 친구에게, 용산 가서 은숙이에게 이쪽 청량리로 나를 찾아오라고 전해 달라고 했다.

낮에는 식사 준비로 바빠도 저녁만큼은 자유 시간이었다. 전에는 한참 짓고땡에 빠져 지냈는데 그것도 할 만큼 했는지 더는 재미가 없었다. 그 무렵에는 저녁마다 노래방에서 노래 부르는 게 낙이었다. 친하게 지내는 노래방 주인이 내 전용으로 방 하나를 마련해 줬다. 거기 가면 돈 만 원 내고 밤새도록 놀 수 있었다. 물론 내가 먹는 맥주 값은 제대로 계산했다. 내게는 그 노래방이 스트레스도 풀고 사람도 만날 수 있는 아지트 같은 곳이었다.

어느 날 은숙이가 정말로 노래방으로 찾아왔다. 20대에 만나 친구가 되었는데 30년이 지나 50대가 되니 우정도 더 짙어졌나 보다. 얼마나 반갑던지…. 이런저런 옛날이야기를 하다 보니 밤을 새워도 모자랄 판이었다. 헤어지기 아쉬워 그날 같이 자고 나서, 다음날에는 또 은숙이가 사는 용산으로 같이 갔다. 그다음 날 청량리에 돌아오니 철수 오빠가 화가 머리끝까지 나 있었다. 아가씨들 밥해 줘야 하는 사람이 연락도 없이 이틀 동안 집을 비우면 어떡하냐며 "X 같은 년"이라는 쌍욕을 했다. 전화 한 통 걸지 않은 것은 여지없이 내 잘못이라 미안하다고 했다.

갑자기 청량리를 뜨고 싶다는 생각이 들기 시작했다. 노름에도 싫증 났는데 욕까지 얻어먹으니 환경을 좀 바꿔 보고 싶었다. 청량리에 너무 오래 있었던 것도 사실이다. 옷가지만 챙겨서 바로 은숙이가 있는 용산으로 와서는, 복희 언니의 하숙집에 한 달 방세 10만 원에 방을 얻었다. 건넌방에는 은숙이가 살았으니, 친구와 가까이 있어서 더 좋았다.

사는 동네는 정해졌는데 일거리는 아직 없었다. 있는 돈을 다 써 버려서 빨리 돈을 벌어야 했다. 그래도 움직이면 항상 일거리는 생겼다. 남대문에 볼일 보러 갔다가 펨푸로 일하는 친구를 우연히 만났는데, 그 친구가 자기가 일하는 집에 손님 좀 끌어 달라고 해서 그러겠다고 했다. 다시 용산에서 남대문으로 출퇴근을 시작했다. 다녀 보니 남대문이나 용산이나 청량리나 어디나 다 비슷했다. 남대문에 있는 사람들도 청량리를 거쳐온 이들이라 다 아는 사람들이었다. 그래도 익숙한 곳을 벗어나 새로운 환경에 놓이니 기분은 새로웠다.

용산 그리고 막달레나의집

용산에서 남대문으로 출퇴근하는 생활을 1년 넘게 했을 무렵 '용산 철거' 소식이 들려왔다. 삶의 터전을 잃게 되는 것이니 다들 심란해했고, 집주인도 조만간 이사 간다고 했다. 이제는 또 어디로 가나 고민하는데 영숙 엄마가 이혼하고 전자상가 뒤쪽 신계동에 방 네 칸짜리 전셋집을 얻었다고 했다. 은숙이와 같이 그 집에 월세로 방을 얻고, 남대문에 계속 출퇴근하며 펨푸로 일했다.

하루는 누군가가 왜 남대문까지 가서 펨푸를 하느냐며 가까운 용산에서 하라고 했다. 생각해 보니 그 말도 맞았다. 용산에서 펨푸를 할까 생각하던 중에 아가씨 밥해 주는 자리가 났다는 말을 들었다. 그 일은 내 전문이 아닌가. 펨푸로 일하다가 펨푸조차 하기 싫어 시작했던 일이었다. 그렇게 다시 용산 아가씨집에 취직이 되었다. 용산에 살면서 용산에서 일하게 된 것이니, 진짜로 용산과의 인연이 시작된 거였다.

그 집에서는 1년 정도 일했는데, 주인이 월급을 제날짜에 안 주는 게 마음에 안 들었다. 본래 월급은 많든 적든 제날짜에 딱딱 나와야 되는 것 아닌가. 결국 그만두고 다른 집에서 다시 밥해 주는 일을 하게 되었다. 그 집에서는 한 3년 있었다. 생각해 보면 용산에서는 주로 아가씨들 밥해 주는 일을 한 것 같다. 아가씨는 한 집에 대개 다섯 명 정도였다. 낮에는 아가씨들 밥해 주고 저녁에는 용산역 앞에 있던 '오션'이라는 오락실에 갔다. 매일 출근하다시피 다니니까 오락실 주인이 "이모, 그거 해봤자 이기지도 못해" 하면서 말리기도 했다. 판판이 돈만 잃는 내가 안쓰러워 보였나 싶다.

용산 철거가 점점 다가오자 아가씨들도 하나둘 떠나기 시작했다. 규모가 점점 줄어드는 마당에 업주들은 굳이 밥해 주는 사람을 두려 하지 않았다. 어쩔 수 없이 용산역 앞에서 펨푸를 했는데, 다행히 남한테 손 안 벌리고 먹고살 정도의 수입은 되었다.

나중에 내 대모가 된 막달레나의집 이옥정 대표를 알게 된 것도 그 무렵이다. 막달레나의집이 용산우체국 근처에 있고 나는 영숙 엄마의 신계동 집에 살 때다. 하루는 이옥정 대표가 영숙 엄마에게 성탄 파티하게 놀러 오라고 해서 갔더니 점잖아 보이는 남자들이 있었고, 서강대 총장님이라며 인사를 시켜 주었다. 같이 술 한 잔 하라고 해서 졸지에 총장님과 술자리를 갖게 되었다. 서강대가 천주교 계열이라 총장이 신부님이라는데, 총장이든 신부님이든 아무튼 한 탁자에서 같이 먹을 일이 없는 사람들이었다. 그런 일이 있을 수 있다고 생각해 본

성매매 여성 반인권적 집단 수용 국가 책임 인정 촉구 기자 회견 중 피켓 사진

적도 없었다.

막달레나의집이 용산에서 청파동으로 이사 간 후에도 이옥정 대표는 가끔 우리를 만나러 용산에 찾아왔다. 이옥정 대표에게 용산역의 화투방은 우리와 어울려 화투 치는 장소이자 우리 소식을 들을 수 있는 사랑방이었으리라. 화투라고 해 봤자 점당 일이백 원짜리였다. 판돈은 크지 않지만, 하다 보면 영혼을 걸고 하게 되는데, 그러다 보면 밤을 꼴딱 새우기도 했다.

하루는 이옥정 대표가 작정하고 나한테 말을 걸었다.

"너는 왜 속에 있는 얘기를 안 해?"

"그 뭐 그럭저럭 사는 거지 뭐."

"넌 고민도 없냐?"

"없어."

이걸로 대화가 끝일 줄 알았는데 이옥정 대표는 나의 과거를 궁금해했다. 얘기를 꺼낼 준비가 아직은 되어 있지 않아서 대충 넘겼다. 이옥정 대표는 그 후로도 포기하지 않고 기다렸고, 뭐가 있긴 있을 거라고 느꼈는지 막달레나 연구 위원 이희영 교수와 상담하도록 연결해 주었다. 상담 과정에서 객지에 나와 떠돈 이야기 그리고 46년간 주민등록 없이 살아온 이야기를 털어놓았더니 이희영 선생이 깜짝 놀랐다.

주민등록이 없는 삶이란

보통 사람들은 잘 믿어지지 않겠지만, 오랫동안 '주민등록'이란 것이 없는 채로 살아왔다. 대한민국에서 그게 가능한 일이냐고 되묻는다면, 내 삶 자체가 그 증거라고 답하련다. 가능하긴 했으니까.

주민등록이 없으니 불편한 것이 어디 한두 가지였을까마는, 빨리 만들어야겠다는 생각이 들지도 않았다. 어느덧 '없는' 상태에 적응해 버렸기 때문일까. 나이가 어린 탓도 있었을 것이고, 아마 가족을 찾는 것을 포기한 상태라 더 그랬을 것이다. 생각이 바뀐 건 서른 살이 넘어서였다. 한국 사회에서 사람 구실하고 살려면 반드시 있어야 한다는 것을 뒤늦게 깨달았다. 가족을 빨리 찾아야겠다고 마음먹게 된 또 다른 이유이기도 했다.

주민등록 없이도 그럭저럭 살아지긴 했다. 젊은 시절, 단속에 걸려 파출소에 가면 일단 주민등록번호부터 물어봤다. 대답이 궁해 모른다

주민등록증을 발급 받고 개설한 통장

고 하면 지문을 찍는데, 대조할 지문이 나오지 않았다. 기록이 없으니 당연한 일이다. 수용소 같은 데서도 주민등록번호 대라고 할 때 모른다고 하면 그냥 넘어갔다. 담당자들도 별로 신경 안 쓰는 눈치였다.

주민등록이 없다는 것은 친구들도 아주 가까운 몇 명 빼고는 몰랐다. 남들에게 차마 할 수 없는 얘기였다. 알리고 싶지 않은 약점이었고, 무시당할까 봐 두려웠다. 실제로 친한 친구에게 믿고 말했다가 곤란해졌던 적이 있다. 은숙이가 그런 경우다. 은숙이는 내가 가족을 찾으러 대구에 왔다 갔다 한 것도 알고 있을 만큼 나와 가까웠다.

영숙 엄마가 신계동 셋집에서 다른 곳으로 이사 간다고 할 때 나는 같이 따라가지 않겠다고 했는데 그게 영숙 엄마의 기분을 상하게 했던 모양이다. 은숙이로부터 내 주민등록 이야기를 들은 영숙 엄마가 난리를 쳤다. 사람들한테 "정희한테 방 주면 가만 안 둔다! 정희 재, 주민등록도 없다!" 하면서 모질게 굴었다. 나를 뭔가 오해했던 모양인데, 어쨌든 나중에는 오해가 풀렸다.

당시 영숙 엄마 따라서 같이 이사하기는 싫고, 모아놓은 돈이 있는 것도 아니어서 고민스러웠다. 그래도 궁하면 통하는 법이라, 도와주는 사람이 또 나타났다. 전에, 영수 삼촌이 장사하는 집에서 아가씨들에게 2년 정도 밥해 준 적이 있었다. 그 영수 삼촌이 뒷골목 여인숙에 방을 얻어 놓은 게 있었다. 그 삼촌에게 상황을 이야기했더니 "형편이 그러면 와 살아요. 집 얻을 때까지"라며 흔쾌히 방을 내줬다. 그동안 번 돈을 어디에 썼는지도 일절 묻지 않았다. 그는 내가 아무것도 없다는 것을 알고는, 아가씨가 두고 간 텔레비전과 냉장고 등도 갖다 쓰라고 했다. 그렇게 해서 또 임시로 거처를 구했다. 정상적으로 방을 구해 계약하려면 주민등록이 또 필요했을 것이다.

주민등록이 아쉬울 때는 또 있었다. 아플 때도 병원에 못 가고 약국 약으로 증상을 다스리는 게 고작이었다. 그것으로 안 될 때는, 남의 이름을 빌려 병원 치료를 받았다. 친구가 자기 다니는 한의원 가서 자기 이름 대고 침을 맞으라고 해서 그렇게 치료받은 적이 있다. 지금 같으면 어림도 없는 이야기지만 그때는 그런 게 가능했다. 나보다 한 살 많았던 청량리 그 친구와도 정겹게 잘 지냈다.

은행 거래를 할 수 없었던 것도 큰 불편이었다. 이는 곧 통장이 없다는 애기라, 여윳돈이 있어도 늘 현금으로 집에 두거나 몸에 지니고 다녀야 했다. 얼마나 번거롭고 위험한 일인지 모른다. 한 번은 이런 일도 있었다. 남대문에서 펨푸 할 때, 하루는 영희라는 애가 한잔 사겠다면서 스탠드바에 가자고 했다. 네 명이 가서 초저녁부터 신나게 노는데 영희가 갑자기 술값이 모자란다면서 20만 원만 달라고 했다. 생활비 해야 하는 돈이라 안 된다고 했더니, 나중에 집에 가서 텔레뱅킹으로 쏴 주겠다고 했다. 텔레뱅킹이라는 게 뭔지 몰랐는데 어쨌든 “그러면 은숙이 앞으로 텔레뱅킹으로 쏴!” 하고는 20만 원을 빌려줬다. 며칠 후에 “야, 은숙아, 영희가 네 앞으로 돈 20만 원 안 넣었디?” 물어보니 돈이 안 들어왔다고 했다. 텔레뱅킹으로 돈을 받으려면 입금받을 계좌번호를 알려줬어야 한다는 걸 나중에야 알았다. 지금 생각해보면 참으로 멍청한 짓을 한 거였다. 텔레뱅킹이 뭔지도 모르고, 돈을 쏴 준다고 하니까 그런가 보다 했으니 말이다.

주민등록이 없어서
포기해야 했던 것들

은행 거래를 못 하는 것보다 더 큰 불편은 내 이름으로 핸드폰을 개통하지 못하는 거였다. 이런 나를 이용해 먹은 친구도 있었다. 용산에서 은숙이와 한집에 살 때의 일이다. 하루는 은숙이가 내 핸드폰을 영아 이름으로 하나 만들자고 했다.

"야, 핸드폰 하나 영아 앞으로 뽑자."

"그래, 하나 뽑자."

영아가 있던 인천에 가서, 돈은 내가 낼 테니 핸드폰 하나 만들라고 40만 원을 줬다. 영아도 돈이 어지간히 급했는지, 지금 생활비가 없다며 40만 원을 자기가 쓰고 핸드폰은 할부로 사서 자기가 할부금을 갚겠다고 했다. 형편이 어렵다고 솔직하게 이야기하는데, 사실 친구라면 그냥 줄 수도 있는 것 아닌가. 그렇게 하라고 했다.

개통한 핸드폰을 잘 쓰고 있었는데 두어 달쯤 지나서 갑자기 이용이 정지되었다. 사정을 알아보니 할부금을 안 내서 그리된 거라고 하기에 화가 잔뜩 나서 술 먹고 은숙이한테 따졌다.

"야, 네가 핸드폰 하라고 해서 걔한테 가서 40만 원 주고 했다. 근데 지금 핸드폰 먹통이다. 너그 둘이 짰냐, 나한테?"

얼마나 약이 올랐으면 친구한테 그랬을까. 난처해진 은숙이가 영아한테 전화해서 나를 바꿔 줬다. 영아는 돈이 없어 할부금을 못 냈다며, 5만 원만 부쳐 주면 밀린 할부금을 내겠다고 했다. 그 말에 또 5만 원을 보내줬건만, 영아는 할부금을 또 안 내고 말았다. 얼마나 분하던지, 핸드폰을 시멘트 바닥에 냅다 던져버리고 말았다. 부서진 핸드폰을 은숙이에게 주면서 퍼부어댔다.

"야, 봐라. 내, 다 때려 부쉈다. 네가 가만히 있는 나한테 핸드폰 해 준다고 그래 갖고, 이게 뭐냐? 괜히 친구하고 의만 상하고…. 영아 걔가 어렵게 사니까, 핸드폰 해 줘서 고맙다고 화장품까지 사 주지 않았냐?"

씁쓸한 결말이었다. 나중에 전해 들으니 영아가 인천을 떠나 남대문으로 왔다고 했다. 남대문으로 찾아가서 영아 사는 형편을 보니, 돈을 받기는커녕 오히려 보태 줘야 할 형편이었다. 돈 받는 것을 단념하곤, 만난 김에 같이 술 한 잔 하고 돌아와서는 기억에서 지워 버렸다.

영아를 잊고 산 지 몇 년쯤 지났을까. 용산에서 작은 가게를 하는 지인이 한강에서 영아를 봤다고 했다. 영아가 한강 데이콤 뒤에 산다는 것도 알게 됐다. 돈을 떼인 일은 있었지만, 소식을 들으니 반가웠다. 만일 영아를 다시 보게 되면 내 전화번호를 일러주고 한번 보자고

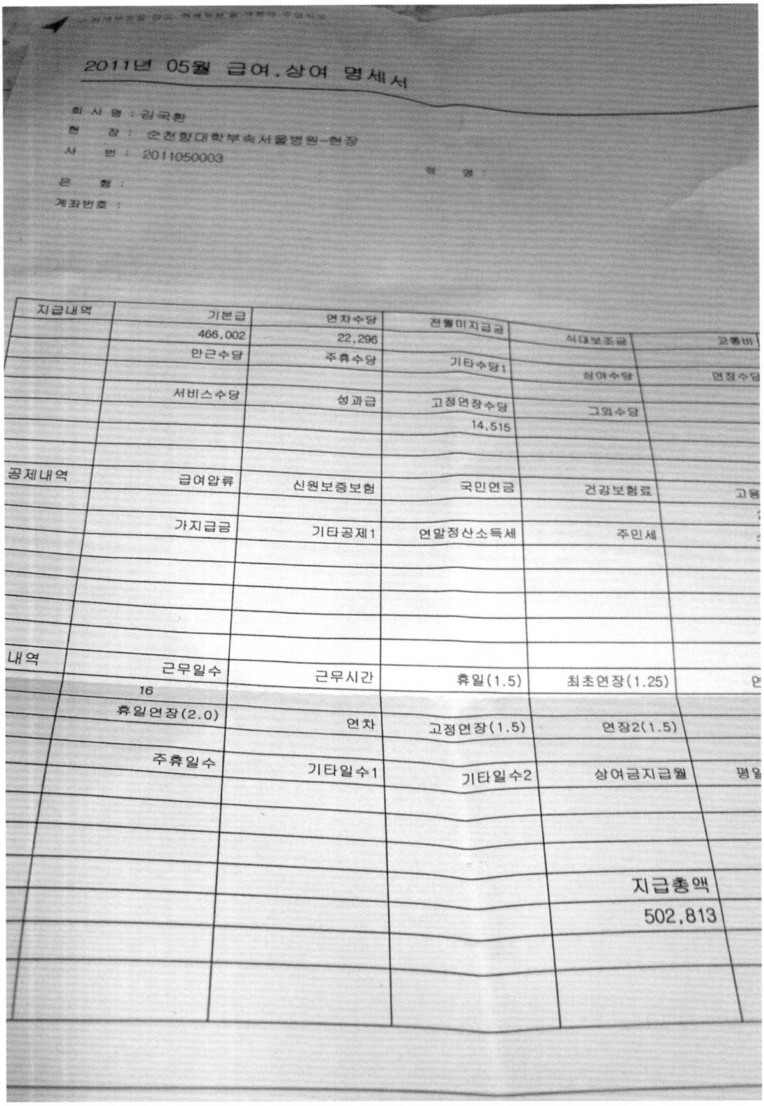

주민등록증을 발급받은 후 처음 직장에서 받은 월급 명세서

전해달라고 했다. 말 그대로, 친구니까 순수하게 보고 싶은 마음이었다. 청파동에 이사 오기 1~2년 전의 일이다. 얼마 후 영아로부터 연락이 왔고, 영아도 나와 같은 마음이라는 것을 확인할 수 있었다.

"서울역에서 611을 타고 이마트 앞에서 내리면 마중 나갈게."

얼마 후 우리집에 찾아온 영아와 몇 년 만에 재회했다. 영아와 같이 아는 영숙 엄마도 불러서 같이 술 한 잔 하며 허심탄회하게 이야기 나누었다. 영아가 그때 일에 대해 미안하다고 하는데, 새삼스럽게 무슨 사과를 받나 싶어 이렇게 답하고 말았다.

"됐어, 내가 너보다 나으니까. 이렇게 만난 것만 해도 다행이다."

주민등록이 없어 일이 꼬이고 손해 보는 것이 일상다반사였다. 가장 결정적인 것은 마음에 드는 남자를 만났을 때도 잡지 못했다는 것이다. 부평에서 혼자 살 때, 셋방 주인 아줌마가 몇 다리 건너 남자를 소개해 줬다. 몇 번 만나서 밥도 먹고 이야기도 나눴다. 결혼 경력은 없었고, 동거하던 여자와 헤어진 적이 있다고 했다. 남자가 순하고 괜찮았다. 순한 사람, 여자 말 잘 들어주는 사람이 사실 내 취향이다. 게다가 직업도 좋았다. 목수. 은근히 돈 잘 버는 직업이다. 63빌딩인가 국제빌딩인가, 큰 건물 짓는 공사에도 많이 참여했다고 했다. 만날수록 보고 싶고, 같이 있고 싶고…. 연애 감정이 싹트기 시작했다. 그 사람도 내가 마음에 들었는지, 곧 리비아 현장에 간다면서 혼인신고를 하자고 했다. 한창 리비아로 많이들 일하러 가던 때였다. 자기가 버는 돈을 내 통장으로 보내주겠다면서 한번 살아보자고 했다. 그때 만약 내게 주민등록이 있었다면, 아마 그 남자와 혼인신고하고 부부가 되었을지 모른다. 하지만 혼인 신고도 할 수 없는 처지에 청혼을 받아들일 수는 없었다. 양심상 그러면 안 될 것 같았다. 남자는 자꾸 결혼하자는데 거절할 만한 그럴싸한 핑곗거리가 없었다. 그렇다고 사실대로 말할 수도 없으니 무조건 싫다며 거리를 두었다. 그가 설득하러 집에 몇 번 찾아오기도 했지만, 연락을 끊고 몰래 서울 청량리로 떠나 버렸다. 그 사람 정말 좋아했고, 그 사람도 내게 진심이었는데, 차라리 그때 사실대로 말했더라면 어떻게 되었을까. 그 후의 내 인생은 어떻게 달라졌을까….

주민등록이 없어서 포기해야 했던 것들이 어디 이뿐이겠는가. 민주주의 국가에서 '온 국민의 축제'라는 선거도 나와는 무관한 일이었다. 막달레나의집에서 다들 책을 들고 성당에 교리 공부하러 가는 것을 보면서도 속으로만 부러워했다. 내 마음을 어떻게 읽었는지, 이옥정 대표가 같이 성당에 다니자고 권하는 데도 짐짓 관심 없는 척 거절해야 했다. 이처럼 어디에도 속할 수 없고 어떤 활동도 할 수 없는 사회적 불구자로 오랫동안 살아왔다.

내게 가족을 찾아 준 해결사, 이옥정 대표

이희영 선생으로부터 내 주민등록 이야기를 전해 들은 이옥정 대표는 깜짝 놀라더니 한편으론 섭섭해했다.

"너는 어쩌면 그걸 나한테 말을 안 하고…."

나로서는 자존심 상해서 차마 말하지 못했던 건데, 이옥정 대표 입장에서는 서운했을 거라 생각된다. 이희영 선생도, 상담 내용은 비밀을 지켜야 하지만 워낙 중요한 이야기니까 알린 거겠지 싶다.

과연 이옥정 대표는 해결사였다. 진짜인지 나한테 한 번 더 확인하더니 "걱정하지 마. 내가 어떻게 해볼게" 하며 장담했다. 대체 '어떻게' 해본다는 건지 감이 오지 않았다. 하지만 깡 있고 수완 좋은 이옥정 대표는 발까지 넓었다. 그동안 막달레나의집을 운영하며 관공서를 들락거리면서 알게 된 사람이 꽤 있는 듯했다. 이옥정 대표는 마치 자기 일처럼 발 벗고 나서 주었다. 드디어 어느 날, 이옥정 대표가 함께

내 명의로 집을 얻고 처음으로 국경일에 태극기를 걸었다.

고향에 내려가자고 했다.

"딴 거 걱정하지 말고 운전하는 애한테 수고비 10만 원 주고 그냥 가자."

"그래요. 10만 원 있어."

맨날 노름하고 다니느라 여윳돈 없이 사는 걸 이옥정 대표가 알고 있었다. 형편은 안 좋았지만 놓칠 수 없는 기회였다. 막달레나의집에 있던 봉고차를 타고 고향으로 내려갔다. 점심으로 이옥정 대표가 싸 온 도시락을 휴게소에서 먹었다.

대구에 내려가서 옛날에 다녔던 초등학교에 갔는데, 마침 그날이 휴일이었다. 당직 서던 직원이 자료를 보더니 못 찾겠다며 연락처를 달라고 해서 이옥정 대표의 전화번호와 집 주소를 알려주며 청파동 주민센터로 연락 달라고 했다. 이옥정 대표는 직원에게, 40 몇 년간 가족을 못 찾고 있다고, 꼭 찾아 줘야 하는 사람이라고, 꼭 좀 찾아 달라고 간곡히 부탁했다. 직원은 걱정하지 말라고 시원스럽게 답했다.

"가자. 일단 여기서 힘써 준다고 그랬으니까 연락이 올 거야."

이어서 동사무소로 가서 제적등본을 떼 보니 아버지 이름은 다른 이름으로 되어 있고 엄마 이름이 있어야 할 곳에는 우리 형제가 모르는 이름이 있었다. 오리무중이었다. 나중에 가족들과 만난 후에 전후 사정을 듣고 나서야 이해가 되었다. 아버지는 일제 강점기에 일본 순사였다. 어려서 집 나올 때 갖고 나온 사진들 중에도 아버지가 경찰 제복 차림으로 말 타고 장화 신은 사진이 있었다. 나라가 해방되자 아버지도 다른 순사들처럼 이름을 바꾸었다. 대문 문패에 있던 아버지 이름 신OO이 본명이 아니었던 건데, 그걸 모르고 그 이름으로 찾았으니 매번 실패할 수밖에…. 그리고 엄마와 아버지가 혼인 신고가 안 되어 있었다는 것도 나중에 알았다. 그러니 기록에 안 나오는 것이 당연했다.

그러고 난 뒤 일주일쯤 됐을 때 청파동 주민센터에서 이옥정 대표에게로 연락이 왔다고 했다. 남동생 이름이 나왔다며 청파동 주민센터에 빨리 가 보라고 해서 정신없이 달려갔더니 직원이 동생과 전화를 연결해 주었다. 떨리는 가슴을 겨우 진정시키며 전화기를 건네받았다.

"누나야?"

"응, 누나야. 그래 니, OO이나?"

"우리 누나 맞네, 목소리가."

어렸을 때의 기억이 남아 있었나 보다. 누나가 하나 있다는 것을 잊지 않고 있었던가 보다. 동생이 내게 아버지 이름과 엄마 이름을 묻더니, 내 답을 듣고는 맞다고 했다. 동생이 자기 이름을 말하는데 동생 이름도 맞았다.

무슨 정신으로 통화를 끝냈는지 모르겠다. 그토록 애타게 그리던 가족을 찾았다는 게 실감나지 않았다. 그때 내 나이가 이미 환갑도 지난 62세였는데, 고아처럼 살아온 그간의 세월이 주마등처럼 스쳐 지나가며 눈물이 핑 돌았다. 한편으론 수십년 만에 동생들과 조카들을 만날 생각에 가슴이 벅차오르기도 했다.

부업 일할 때 쓰는 작업 도구

나를 '구출'하러 온 동생들

동생은 그다음날부터 뻔질나게 전화를 걸어 왔다. 빨리 만나자고, 빨리 내려오라고 성화였다. 나도 그러고 싶은 마음이 굴뚝같았지만 차마 그럴 수 없었다. 업주 건물의 쪽방을 얻어 사는 형편에 집에 오라 하기도 그렇고, 내려가자니 밥도 사 주고 용돈도 주고 선물도 사 주고 싶지만 그럴 처지가 아니었다. 마침 얼마 후가 추석이었다.

"추석이 얼마 안 남았으니까 추석 때 내려갈게."

그래도 동생은 추석까지 기다릴 것 뭐 있냐면서 빨리 내려오라고 매일 전화를 걸어 왔다. 수십년 만의 극적인 상봉을 미룰 만한 핑계가 사실 마땅찮았다. 생각 끝에, 동생이 전화를 걸어오면 잘 얘기해 달라고 부탁하며 전화기를 이옥정 대표에게 넘겼다.

그게 사달이 될 줄은 몰랐다. 나와 연락이 안 된다고 생각한 가족들은 엉뚱한 상상을 하기 시작했다. 내가 '시설'에 '감금'되어 있다고 오해한 가족들은 주소를 묻더니 다음날 나를 '구출'하러 왔다. 그날은 8월 15일, 성모님 대축일이라 성당에서 미사 드리고 와서 점심 먹고 거실에서 고스톱을 한판 치고 있는 중이었다. 누가 벨을 누르며 사람을 찾으면서 '신○○'라는 이름을 댔다. 사오십대의 중년 남녀 넷이었다. 갑자기 찾아온 남동생 내외와 여동생들을 보고 반가워 어쩔 줄 몰라 하다 동생들 얼굴을 살피니 표정에 근심이 가득했다. 성당 축일이라 그날따라 사람이 많았던 데다 죄다 여자들만 있으니 의심이 확신으로 바뀌기에 충분했던 모양이다. 동생은 심각한 표정으로 이렇게 말했다.

"저기 저 여자들, 다 감금되어 있는 거지? 누나, 솔직하게 말해. 줄 거 있으면 주고 누나 데리고 갈 테니까 걱정하지 말고 어서 말해."

오갈 데 없는 여자들을 가둬 놓고 있는 불법적인 '시설'이 틀림없고 이옥정 대표는 그 '수괴'쯤 되는 사람이라고 여기는 눈치였다. 줄곧 내 옆에 있던 친구 은숙이는 날 도망 못 가게 감시하는 사람이 되어 있었다. 다행히 오해는 오래가지 않았고, 폭소가 터지면서 오해도 풀렸다.

집이 누추해서 못 데려간다 하고, 모텔에 동생들 숙소로 방 두 개를 잡았다. 식사에 술 한잔을 곁들이며 지나간 이야기를 나눴다. 동생들은 내가 어떻게 살아왔는지 알고 싶었겠지만, 고맙게도 자세히 묻지 않았다. 나 역시 굳이 이야기하고 싶지 않았다. 동생들도 나름대로 마음고생을 겪은 듯했다. 큰집이 있어도 자기들 먹고살기 바쁘고, 맏이인 나는 연락 두절이니, 남동생이 20대 초반이었을 때 기댈 데가 없어 마음을 못 잡고 술로 세월을 보냈다는 말을 들었다. 나더러는 그저 이렇게 살아 있어서 고맙다고 했다.

얘기를 하다 보니 일가친척들의 근황도 알게 되었다. 여동생이 큰집 오빠 이야기를 꺼내는데, 그 오빠가 남동생의 큰아들이 고3일 때 자기 회사 직원으로 데려가서 3년 동안 부려 먹고는 군대 갈 때 10원 한푼 안 줬다는 얘기였다. 우리집이 옛날에 잘살았을 때 그 오빠가 우리집에서 고등학교를 다닌 적이 있다. 엄마가 도시락 다 싸 주며 뒷바라지했음은 물론이다. 그 얘기를 듣는 순간 부아가 치밀면서 오랫동안 가슴에 묻어둔 수치스러운 비밀이 떠올랐다.

"그 새끼, 우리집에서 학교 다녔을 때, 그때 나 국민학교 5학년이었는데, 잘 때 내 젖 만지고 그랬어."

죽을 때까지 묻고 가려 했는데, 내 귀한 조카한테 못되게 굴었다는 얘기를 들으니 약이 올라 참을 수가 없었다. 옛날에 사촌오빠에게 성추행 당한 이야기를 터뜨리자 동생들은 깜짝 놀라면서 분통터져 했다. 나중에 여동생이 대구 내려가자마자 그 오빠를 찾아가서 호되게 따졌다는 얘기를 들었다.

다음날 그냥 헤어지기 아쉬워 같이 한강 가서 배 타고 점심까지 먹고는 내친김에 같이 대전 사는 여동생을 만나러 갔다. 그 동생은 직장에 다니고 있어서 같이 못 올라왔다. 그때는 내가 틀니를 하기 전이라 덧니가 있었는데, 대전 여동생이 나를 덧니로 알아보는 것이 신기했다.

"언니 맞네. 언니가 덧니가 있었어."

이렇게 가족을 다시 만난 것이 2008년 8월 15일이다. 그런데 아버

지 본명도 모르고, 부모님이 혼인 신고도 안 되어 있었는데 대체 어떻게 찾았을까? 나중에 들은 이야기다. 1983년, KBS의 이산가족 찾기 프로그램(이산가족을 찾습니다)이 장안의 화제가 됐을 때다. 아버지가 나를 찾기 위해 신청하려 하니 이번 프로그램은 남북 이산가족을 찾는 거라 해당이 안 된다고 했단다. 낙담한 아버지는 그래도 행여나 내가 나올까 해서 매일 TV를 보며 우셨다고 한다. 그러고는 2년 후에 돌아가실 때 남동생에게 "너희 누나 안 죽었다. 분명히 살아있으니까 호적 없애지 말아라" 이렇게 유언하셨다 한다. 나를 찾겠다는 일념으로 가족들이 호적을 40년 동안 없애지 않은 덕분이었다.

가족과의 재회 그리고
이런 일들 저런 일들

나를 그토록 기다리셨던 아버지. 그렇게 보고 싶고 그리워했던 아버지. 인사를 드리러 아버지 산소에 갔는데 당혹스럽게도 눈물이 한 방울도 안 나왔다. 마음은 절절한데 왜 그랬을까. 아무래도 떨어져 지낸 시간이 너무 길었던가 보다. 그 사이, 눈물이 말라 버린 것이 아닐까.

동생들과도 마찬가지다. 남동생과 세 여동생, 4남매는 쭉 같이 자랐고 몇십 년간 서로 내왕하며 살았는데 나만 46년간 떨어져 있었다. 피를 나눈 가족이 분명하건만 너무 오랫동안 남남처럼 산 것이다. 그 기간이 너무 길었다. 누구의 잘못도 아닌데 그리 되었다.

남동생 바로 밑의 여동생이 의성에서 식당을 운영하고 있다. 그 동생이 내가 없는 동안 큰딸 노릇을 잘해 왔다. 시집 가서도 부모님 제사를 다 챙겼으니 수십 년간 큰딸 역할과 며느리 역할을 다 한 셈이다. 내가 없는 상황에서 당연히 큰고모로 대우받아 왔고, 남동생도

"나 죽은 후 내 제사는 안 지내도 큰고모 제사는 꼭 지내라"라고 자식들에게 당부할 정도로 그 동생을 아꼈다. 그랬는데 '진짜 큰고모'인 내가 나타난 거다.

남동생이 누나를 뒤늦게 만나니까 좋았는지 속상한 일 있으면 하소연도 하면서 나한테 각별히 대했다. 나 역시 늦게 만난 조카들이 너무 귀해서 이뻐했다. 그 동생은 이런 변화가 좋지만은 않았던가 보다. 한번은 나와 통화하면서 술이 취했는지 주사를 부렸고, 그때 동생이 하던 말이 나한테는 상처가 되었다.

"왜 나타나 갖고…."

너무나 속상했지만 가슴에 묻고 살다가 재작년이었나, 막내여동생한테 털어놓고 나니 마음이 조금 후련해졌다. 동생이 하는 식당이 꽤 잘되는데, 그래도 내가 기초 수급자라고 가끔 용돈도 부쳐주니 고마운 일이다. 동생의 마음도 이해 안 되는 바 아니고, 사람이니까 이런 면도 있고 저런 면도 있는 것이려니 한다.

명절과 제사, 경조사가 있으니 동생들이 지방에 있어도 얼굴 볼 일이 가끔 있다. 가족들을 다시 만나고 나서 그 다음해였나. 남동생의 작은아들이 결혼한다고 했다. 남동생이 결혼식 때 내려오라며 사돈댁에서 온 예단 봉투를 건넸다. 50만 원이 들어 있었다. 그 돈을 만져도 못 보고 화투판에서 다 잃고 말았다. 화투방에서 살다시피 했던 때라 어쩔 수 없었다. 집이 하필이면 하우스의 3층이라 벗어나기도 쉽지 않았다. 화투판에 부르지 말라고 해도 판이 돌아가게끔 시작만 해놓고 가라면서 5만 원을 쥐여 주는데, 일단 판에 끼면 그 5만 원만 잃고 끝날 수가 없다.

시간이 흘러 결혼식이 나흘 앞으로 다가왔는데, 정장 한 벌 살 돈도 없었다. 부득이 선의의 거짓말을 하기로 하고, 다리를 다쳐 깁스하는 바람에 결혼식에 못 가게 되었으니 혼주에게 잘 얘기해 달라고 여동생에게 일러뒀다. 동생들은 그때 내가 진짜 다리를 다쳤던 걸로 알고 있을 텐데, 이제 진실을 알게 되었어도 너그럽게 이해해 주리라 믿는다.

재미있는 것은, 말이 씨가 된다는 옛말이 무섭게 맞았다는 것이다. 남동생네 결혼식이 끝나고 얼마 후에 추석이었는데 그 무렵 정말 다리 뼈에 금이 가 반깁스를 하는 사태가 벌어졌다. 게다가 눈에 다래끼가 나는 바람에 안대까지 하고 나타나자, 남동생은 엉망진창인 내 모습을 보고는 서운함이 좀 풀어지는 눈치였다.

옛날에 나를 성추행했던 큰집 오빠는 그 뒤로도 실망만 안겨주었다. 동생들과 재회한 지 얼마 후 추석에 내려갔을 때 그 오빠를 만나게 되었다. 내가 온다는 소식을 듣고는 날 만나게 해 달라고 여동생에게 사정했다는 얘기를 들었다. 전혀 반갑지 않았지만 피할 일도 아니었다. 수십 년 만에 만난 성추행 가해자의 그 뻔뻔한 입에서, 만지기만 했지 관계는 안 했다는 말이 튀어나왔다. 내 귀를 의심했다. 성추행만 하고 성폭행은 안 했다는 뜻이다. 기가 막혔다. 미안하다는 말이라도 들은 것을 다행으로 여겨야 하나.

남동생은 자기 아들이 겪은 일도 있어서 더 정이 떨어졌는지, 그 오빠와 말을 섞지 않았고, 만나려 하지도 않았다. 이제 다 지나간 일이니 그 형을 같은 남자로서 이해해 주고 잘 지내라고 해도 거부했다. 억지로 될 일은 아니라고 본다.

난생처음 가져 본 주민등록증

가족을 다시 만난 2008년은 처음으로 주민등록증이라는 것을 가져 본 해이기도 했다. 주민등록증을 갖게 되자 그동안 불가능했던 것들이 하루아침에 가능해졌다. 마치 누가 마법이라도 부린 것만 같은 극적인 변화였다. 남들에게는 상식적이고 당연하게 여겨지는 일들이 나에게는 죄다 신기하고 새로운 일이었다. 무엇보다도 정상적인 일자리를 가질 수 있게 되었다. 어떤 일이든 좋으니 남들처럼 직장에 다니며 일하는 게 소원이었는데, 당당히 취업해 그 소원을 이룰 수 있게 되었다. 행정복지센터를 청소하는 공공 근로 일자리가 있다고 하여 신청서에 주민등록번호를 적어 낼 때 얼마나 뿌듯했는지 모른다. 근로자로 선발되어 일하게 되면서 매일 아침 출근하면 맨 먼저 무인 민원 발급기로 향했다. 발급기에 300원을 넣으면 주민등록등본이 출력되어 나왔는데, 내 이름 석 자가 적혀 있는 것을 볼 때마다 그렇게 좋을 수 없었다. 행정복지센터에서 일하는 동안 매일 아침 주민등록등본을 출력해 내 이름을 확인하는 것이 큰 기쁨이었다.

또한 선거 때가 되면 투표소에 가서 주민등록증을 보여 주고 투표 용지를 받아 유권자로서 권리를 행사했다. 성당에도 나가기 시작해 교리 교육을 받고 세례도 받았다. 이 모든 것이 전적으로 대모인 이옥정 대표가 힘써 준 결과임은 말할 것도 없다. 대모 이야기만 나오면 대책 없이 눈물이 나는 것이, 이 모든 변화를 만들어 준 내 인생의 은인이기 때문이다.

주민등록이 있는 주민으로 산 지 어언 17년째가 되었다. 지금은 경기도 김포의 임대 아파트에서 걱정 없이 살고 있다. 기초 생활 수급자로 선정되어 복지 혜택을 받고 있고, 짬짬이 집에서 부업을 하며 용돈 정도의 벌이도 하고 있다. 어느덧 80세를 바라보는 나이가 되어 몸 여기저기 아프기는 해도 아직 일할 수 있으니 얼마나 감사한 일인가.

그래도 지금보다 건강했을 때 막달레나의집 식구들과 국내외에 성지 순례를 다녀올 수 있었던 것이 참 다행스럽다. 특히 프랑스, 스페인, 포르투갈, 벨기에 등 유럽까지 12박 13일간 곳곳을 다니며 신앙을 독실히 하고 막달레나의집 식구들과 친목도 더욱 돈독히 다지는 시간을 가졌다. 물론 이 역시 주민등록이 없었더라면 꿈도 못 꿀 일이었다. 이때 들어간 경비는, 다달이 들어오는 기초 생활 수급비를 아껴 쓰며 조금씩 저축해 준비했다. 또 그 무렵 마침 칠순이어서 동생들이 축하금으로 준 500만 원도 보탬이 되었다. 또 그로부터 2년 후에는 대만으로도 3박 4일 여행 겸 성지 순례를 다녀왔다.

제주 여행

성지 순례는 우리에겐 죽을 때까지 두고두고 이야기 나눌 소중한 추억거리다. 지금도 막달레나의집 식구들과 만날 때면 성지 순례 다녀온 이야기가 빠지지 않는다. 그럴 때마다 뒤늦게 찾은 행복에 감사하게 되고 힘이 절로 솟는다. 이처럼 막달레나의집은 언제부턴가 내 삶의 중심으로 '훅' 들어와 버렸다. 막달레나의집에 모여서 맛있는 음식을 같이 만들어 먹고, 100원짜리 고스톱판에서 승부를 겨루며, 때때로 어울려 여행까지 다니노라면 정말이지 외로울 새가 없다.

지금, 내 인생의 정점

어렵게 재회한 가족들은 내게 힘이 되어 주는 존재다. 부모님 제사와 명절, 집안 대소사 때 만나 서로 근황을 묻고 안부를 챙기노라면 혈육 간의 정이 더 각별하게 느껴진다. 동생들은 이렇게 만나서 너무 다행이라고, 살아 있어서 고맙다고 말한다.

동생들과 조카들은 지금까지는 내가 막달레나의집에서 봉사 활동하는 걸로 알았을 텐데, 그동안 내가 어떤 일을 했는지, 어떻게 살았는지, 이제는 알게 될 것이다. 그런다 해도 상관없다. 이제 숨길 것도 없고, 이제 와서 뭘 어쩌겠는가. 왜 그렇게 살았냐고 나를 비난할까? 나에게 돌을 던질까? 아니, 오히려 나를 위로해 줄 거라 믿는다. 가족이니까.

어디, 보고 싶으면 실컷 보라고 얼굴이 드러나는 사진을 이 책에 싣는 것도, 지난날의 나를 있는 그대로 인정하고 수용할 수 있게 되었다는 뜻이다. 그만큼 마음에 여유가 생겼다는 의미다. 살면서 언제 이런 여유를 누렸던가. 살면서 지금처럼 평온한 시절이 있었던가. 아침에 일어날 때마다 느끼는 행복감은 어떤 말과 글로도 표현해 낼 수 없으리라.

지금의 이 행복을 얼마나 더 누릴 수 있을까. 1947년생이니 곧 팔십이 된다. 이대로 행복하게 10년만 더 살고 싶다고 바라 보지만, 과한 욕심일지 모른다. 언제 세상 떠날지 모르는 마당에 그래도 사후를 위한 준비는 되어 있어야 하지 않을까.

집 보증금 천만 원은 대출받은 것이고, 틈틈이 모아놓은 돈이 천만 원쯤 된다. 그 돈에서 500만 원은 막달레나의집에 기부할 생각이고, 장례비로 쓸 돈을 좀 더 모아 놓으려 한다. 죽은 뒤에 묻힐 묘 자리도 강화도에 마련해 두었다. 처음에는 죽으면 시신을 기증할 생각이었다. 언제였나, 고 서유석 신부님과 함께 죽음에 대해 이야기할 기회가 있었다. 시신 기증 얘기를 들은 서 신부님이 천만 원을 내놓으시면서 돈을 더 보태 묘지를 사라고 했다. 여섯 명이 돈을 모아 1,700만 원 주고 땅을 사 놨다. 수의까지 다 만들어 놨으니 묻히는 건 걱정 없다. 장례비만 준비하면 되는데, 장례를 사흘이나 치를 필요는 없으니, 그러면 지금 있는 돈으로 가능하지 않을까. 이렇게 다 준비해 놓으니까 부담이 없는데, 두려운 건 딱 하나, 치매에 걸릴까 봐 겁이 좀 난다. 만약 치매 조짐이 보이면 강화 보듬네에 가려는 계획까지는 세워 두었다.

에필로그

80여 년 가까이 살았으니, 이제는 살아온 날이 살아갈 날보다 훨씬 많은 나이다. 우연찮게 자서전을 쓸 기회가 주어져 그간의 삶을 찬찬히 돌아보게 되었다.

지난 시절 내가 행했던 선택들에 대해 후회하는 마음은 들지 않는다. 사실 후회해서 무엇하랴. 다만, 어린 시절의 환경이 그다음의 생을 좌우하는 것은 사실이고, 환경은 개인이 선택할 수 있는 것이 아니기에 좀 유감스럽긴 하다. 나 역시 다른 환경에 놓여 있었다면 전혀 다른 선택을 하게 되었을 것을…. 미지의 그 길, 가보지 못한 그 길이 때론 미치도록 궁금해진다.

나 한 사람의 생이 담겨 있는 짧은 글이지만, 하나의 기록으로 남겨져 우리 세대가 살았던 시절을 이해할 수 있게 해주는 자료가 된다면 좋겠다. 지난 시절 우리 사회의 어두운 단면들을 보여주는 사료로서

도 의미가 있지 않을까.

…

내 보금자리 김포의 아파트, 내 방 침대에 누우면 창 밖으로 해도 보이고 달도 보이고 별도 보인다. 늘 뜨던 해와 달과 별인데 언제부턴가 그 빛과 기운이 한결 따스하고 그윽하게 느껴진다. 이 모든 것이 다 감사할 뿐이다. 살아 숨쉬는 매순간이 즐겁고 기쁘니, 고민도 걱정도 없는 충만한 삶이 아닌가. 누구도 부럽지 않은 지금의 나, 넘치도록 행복하다.

평범한 삶에 행복이 깃들 때

박도로테아

프롤로그

"다음 역은 ○○○역입니다. 내리실 문은 오른쪽입니다."

전철은 오늘도 출근하는 사람들로 북적인다. 전철 안은 복잡해도 일단 제대로 내리기만 하면 일터까지 일사천리로 갈 수 있다. 언제였던가, 그날 동료의 그 말을 못 들었더라면, 전철을 갈아타고 이렇게 가뿐하게 올 수 있다는 것도 모르고 내내 버스와 도보로 힘겹게 출근했을 것이다. 초등생들도 아는 전철 환승을 나만 모르고 살았더랬다. 그것 말고도 모르는 게 한두 가지가 아니지만, 뭔가를 남한테 물어보는 것은 아직도 나로선 큰 용기를 내야 하는 일이다.

'뭐야, 이 여자, 왜 몰라, 그거를?'

남들이 내 살아온 이력을 궁금해할까 봐, 내 과거를 알게 될까 봐 두렵기만 하다. 그 두려움을 매 순간 극복하며 평범한 생활인의 일상을 꾸려갈 수 있음에 마음 속 깊이 감사함을 느낀다. 주5일제 직장 생활의 피로를 이겨내게 해 주는 원동력은 이렇게 남들처럼 평범하게 일하며 살고 있다는 자부심이다.

그런데 생각해 보면 내가 언제는 일을 안 했던가. 하는 일 없이 밥만 축내며 무위도식한 인생은 아니었다. 대구 자갈마당에서, 인천 옐로하우스에서, 용산역 앞에서 수십 년 부지런히 일했고 돈도 꽤 벌어 봤다. '처녀 가장'으로 가족을 부양하느라 모을 새가 없었을 뿐이다. 아버지의 사업 부도로 한순간에 추락해 버린 우리집…. 갈 곳이 없어 '숙식 제공'과 '월급 100만 원'이라는 글귀에 혹해서 그곳이 어떤 곳인지도 모르고 내 발로 걸어 들어갔다. 그만큼 상황이 절박했고 그만큼 세상 물정 몰랐다는 얘기다.

부유했던 성장기

시계를 60년 전으로 되돌려본다. 부산 양정에서 1959년에 태어났으니, 1960년대 초중반쯤 될까. 네다섯 살 무렵의 광경이 아직도 눈에 선하다. '기역'자 모양의 집에 별채와 창고가 따로 있었고, 정원에는 아름드리나무들과 연못이 있었다. 당시 일반 가정집에 드문 전화기와 텔레비전이 있어 사람들이 우리집에 둘러앉아 함께 텔레비전을 보곤 했다. 여러모로 여염집 살림살이와는 많이 달랐다. 동네도 전형적인 부촌이라 으리으리한 집이 수십 채 몰려있었다. 윗집에 놀러 간 적이 있는데, 높다란 담장에, 집 안에 골프장이 있고 연못에 다리까지 놓여 있는 저택이었다. 그에 비하면 우리집은 소박한 편이었던 것 같다.

일곱 살 때 유치원에 들어갔고, 다음해에 사립 초등학교에 입학했다. 초등학교 때 양정을 떠나 거제리로 이사 갔는데, 동네에 경비실이

엄마가 주신 주얼리

있어 경비 아저씨가 동네를 순찰하고 다녔다. 윗동네에 큰 집들이, 아랫동네에 그보다 작은 집들이 있었고, 그 사이에 벚나무가 늘어선 벚꽃길이 있었다. 이때도 집 정원에 연못, 우물, 화초들이 있어 어린 남매들이 놀기에 안성맞춤이었다. 물, 풀, 꽃, 나무 등 자연을 좋아한 아버지의 취향 덕분이었다. 내 소아 천식 때문에 그 시절에 기름 보일러를 놓고 살았으니 집이 꽤 부유했던 것은 사실이다. 부모님과 남동생, 나보다 열 살 아래인 여동생까지 다섯 식구가 행복하게 남부러울 것 없이 살았다.

지금도 기억나는 것은 '뺑뺑이' 추첨제로 배정된 중학교가 신설 학교였는데 산동네에 있어 아침마다 등교 전쟁을 치른 것이다. 아침마다 마이크로버스라 불리던 소형 마을버스를 타고 영주동 산복도로를 올라가야 했다. 버스가 늘 학생들로 만원이라 한번 타려면 여간 고생스럽지 않았다. 차장이 우악스럽게 밀어넣어도 겨우 탈 수 있을까 말까였다. 그래서 가끔은 어쩔 수 없이 승용차를 타고 학교에 가기도 했다. 그럴 때면 아버지는 운전기사에게 나를 학교에서 멀찌감치 떨어진 곳에 내려 주도록 했는데, 아버지가 그렇게 하시는 뜻을 어렴풋이 알 것 같았다.

낯선 서울 문화와
얄미웠던 서울 애들

고등학교 졸업하고 대학에 진학하면서 서울로 오게 됐다. 좀 더 정확하게 말하자면, 대학생이 되기 전에 재수생으로 먼저 '서울 물'을 먹었다. 1차에 낙방하고 종로학원에 다니며 재수를 준비했으나 꽉 짜인 학교생활에 익숙해 있다 갑자기 자유로운 환경에 놓이니 공부에 집중이 되지 않았다. 게다가 부산과 너무나 다른 서울 문화에, 순진한 '부산 가스나'는 잔뜩 주눅이 들고 말았다. 부산에서는 사복이라는 걸 모르고 살았다. 집 밖에 나갈 때는 어딜 가든 무조건 교복을 입어야 했고, 빵집이나 떡볶이집은 정학을 각오하고 가야 하는 곳이었다. 엄격하기가 수녀원 못잖았다고 하면 과장으로 들릴까. 그런데 서울의 학원생들은 옷도 머리도 마음대로 하고 다녔고, 빵집이며 떡볶이집도 자유롭게 드나들었다. 같은 또래인데 서울 애들은 자유를 맘껏 누리는구나 싶어 충격을 받았지만, 지나고 보니, 그건 마침 고등학교를 졸업한 '준성인'이라 가능했던 게 아닐까 싶기도 하다.

서울 애들이 쓰는 서울 말씨는 낯설고도 얄밉게 들렸다. 공부는 뒷전이었고, 고향 말로 편하게 소통할 수 있는 부산 출신 친구들과 어울려 노느라 바빴다. 재수 학원에 다닌다는 게 무의미한 일로 느껴졌다. 결국 2차로 합격한 학교에 가겠다고 말씀드리고 재수를 포기했다.

대학에 입학해서도 서울 애들 틈에서 여전히 주눅 들어 지냈다. 2년간은 기숙사에서 지내다 세운상가아파트로 거처를 옮겼다. 사업차 종종 서울과 부산을 오가는 아버지가 겸사겸사 얻어 주신 셋집이었다. 부모님이 한 달에 한두 번 번갈아 올라오셨는데, 살림이건 음식이건 할 줄 아는 것이 없어 엄마가 갖다 놓은 음식을 먹거나 식당에서 사 먹곤 했다. 그때 한 달 용돈으로 40~50만 원가량을 받았으니, 화폐 가치로 따져볼 때 80년대 학생 용돈으로는 엄청 큰돈이었다.

부모 곁을 떠나 자취하게 되면 으레 자립심도 생기고 돈에 눈도 뜨련만, 온실 속의 화초나 다름없었다. 스무 살이 넘도록 내 손으로 티셔츠 한 장, 연필 한 자루 사 본 적이 없었다. 방학에 부산 내려가면 엄마가 의상실에 데리고 가서 옷을 서너 벌 맞춰 주셨는데, 그 옷만 번갈아 입고 다녔다. 엄마가 사 주면 입고, 아니면 말고 식이라, 청바지에 티셔츠 하나로 한 달도 버틸 수 있었다. 한창 멋 부리기 좋아할 나이임에도 꾸미거나 쇼핑하는 것에 도통 관심이 없었다.

언제였나, 학교 친구들과 명동 코스모스백화점에 갔을 때도 친구들은 다들 구경하랴 쇼핑하랴 정신이 없는데 나 혼자만 지루했던 기억이 난다. 마치 아내의 쇼핑에 따라온 남편처럼 묵묵히 그 시간을 버텨

나들이

겠다.

그날, 명동에서 청계천 집까지 어떻게 왔나 모르겠다. 서울 지리에 서툴러 길도 잘 모르는데, 쇼핑이 끝나자 친구들은 각자 제 갈 길 가기 바빴다. 자기들이 백화점 구경 가자고 해서 따라갔던 건데, 집까지 데려다주기는커녕 길도 알려주지 않고 냉큼 다 사라져 버렸다. 늘 보호만 받고 살아온 나로선 처음 겪는 '사건'이자 작은 위기였다. 물어물어 집으로 오는 길은 외롭고도 쓸쓸했다. 무엇보다 친구들에게 섭섭한 마음이 가시지 않았고, '서울깍쟁이'라는 말이 괜히 있는 게 아니구나 싶었다. 서울 애들을 멀리하고 부산 출신 친구들과 어울리기 시작한 것이 그 무렵부터다.

수업 끝나면 매일 친구들과 열심히 놀았다. 공부에는 뜻이 없었다. 아니, 열심히 공부해야 할 이유가 없었다. 그때만 해도 여학생들은 대개 졸업 후 진로가 '현모양처'였기에 다들 무사히 졸업만 하면 된다고 생각했다. 나 역시, 어려서부터 여자는 시집만 잘 가면 된다는 말을 듣고 자랐고, 돈은 남자들만 버는 것인 줄 알았다. 그래도 사범대학이라 졸업반이 되자 교생 실습을 나갔다.

아버지의 사업 부도와 집안의 몰락

4학년 여름 방학이 지나고 2학기의 어느 날이었다. 잔잔하던 바다에 갑자기 폭풍우가 닥치듯, 아버지가 쓰러졌다는 전갈을 시작으로 험한 소식들이 연이어 전해졌다. 아버지 사업이 부도나서 급히 이사를 간다고 하더니, 외가 소유의 땅도 모조리 압류당했다고 했다. 세상 물정 모르던 철부지라 부도났다는 게 무슨 뜻인지도 몰랐다.

급히 부산에 내려갔더니, 아버지는 부도의 충격으로 뇌출혈이 와서 의식을 잃고 병원 중환자실에 입원해 있고, 엄마는 병원에서 지내며 아버지를 간호하고 있었다. 당장 집도 절도 없는 상황이었다. 대학교 1학년인 남동생은 일단 군대에 가겠다며 입대를 기다리고 있고, 초등생이던 여동생은 이모 집에서 학교에 다니고 있었다. 어떻게 하루아침에 집안이 이렇게 풍비박산 날 수 있을까…. 세상이 다 무너진 것처럼 막막했다.

나와 인연이 있는 사람들

명색이 맏이인데 할 수 있는 것이 아무것도 없었다. 황망한 마음에 쫓기듯 부산을 떠나왔다. 서울행 기차를 타고 창밖을 바라보는데 마음이 그대로 무너져내리는 것만 같았다. 당장 아파트도 비워 줘야 하는 상황에 서울에 올라간들 어디서 지낼 것이며, 학교는 어떻게 다닐 것이며, 아버지 치료비는 무슨 수로 마련할 것인지 막막했다. 총체적 절망이었다. 이 모든 것이 결국 돈 문제인데, 대체 무슨 일을 해서 돈을 번단 말인가. 돈에 무지했고, 돈의 소중함도 모르고 살았던 터다.

서울 올라와서 무거운 마음으로 친구들을 만났다. 솔직하게 형편을 얘기하고 취직할 때까지만 신세 좀 지자고 부탁해 보려던 거였지만, 막상 친구들을 만나니 도저히 입이 떨어지지 않았다. 결국 입도 뻥긋 못보고 헤어지고는, 당장 갈 곳이 없었다. 세상에 혼자 남겨진 것만 같은 처절한 고독감에 쓴 눈물을 삼켰다.

서울역으로 다시 발길을 돌려 무작정 부산행 기차에 몸을 실었다. 무슨 대책이 있는 것도 아니었다. 돈을 버는 것도 급했지만, 당장 지낼 곳을 구하는 것이 더 급한 일이었다. 하지만 기차가 대전역을 지날 때까지도 뾰족한 수가 떠오르지 않았다. 이제 동대구역에 서면, 얼마 지나지 않아 종착역인 부산역에 닿을 판이었다. 다시 부산에 가봤자 동생 있는 이모 집도 내 몸 편히 누일 수 있는 곳이 아니었다. 기차가 동대구역에 정차한다는 안내 방송이 나오자 앞뒤 잴 것 없이 무작정 내버렸다.

동대구역 전봇대의 '숙식 제공' 전단지

동대구역에 내리니 눈에 확 띄는 것이 있었다. '숙식 제공, 월수 100만 원'이라고 적힌 일자리 광고가 전봇대에 붙어 있었다. 당시 취직하면 월급이 30만 원 정도라고 들었는데 100만 원이라니, 꿈 같은 돈이었다. 공중전화를 걸었더니, 전화를 받은 여자가 데리러 오겠다며 기다리라고 했다. 조금 있다 승용차 한 대가 와서는 나를 태우고 술집 같은 곳으로 데려갔다. 그 여자가 자꾸 연애를 해봤느냐고 물어보는데, 그게 무슨 의미인지 모르고 대수롭지 않게 대답했다. 그 말의 의미를 알게 된 건 한참 지나서였다. 사실 그때까지 연애는커녕 '썸'도 타 본 적 없었고, 성매매라는 게 있는지도 몰랐다.

그 여자는 자기가 운영하는 가게가 따로 있다며, 자기를 따라오면 먹여 주고 재워 주겠다고 했다. 숙식이 해결된다는데 마다할 이유가 없었다. 무슨 심산인지 일단 자기 가게가 아닌 대구역 앞의 자기 아파트로 데려가더니 이삼일 동안 푹 쉬게 했다. 집에 어린 딸 세쌍둥이가 있는 걸 보고, 아이들을 봐 주면서 집안일을 해 주면 되나 보다 했다. 그 여자는 자기 가게에서 일해야 돈을 많이 번다며, 100만 원 정도는 우습게 번다는 식으로 말했다. 정확히 어떤 일인지도 모른 채, 그 여자가 권하는 대로 가게에서 일하겠다고 했다. 그러면 주민등록증과 귀중품을 다 맡기라는 말에, 6만 원쯤 들어 있던 통장과 지갑을 통째로 맡겼다. 도망가지 못하게 하려는 꼼수였는데 그때는 눈치채지 못했다. 주민등록증을 보더니 내 나이가 생각보다 많았는지 놀라는 눈치였다. 그 여자는 그렇게 해서 장차 나의 주인이자 사장이자 고용인이자 포주가 되었다.

드디어 나의 일터가 될 '가게'에 따라갔다. 자갈마당을 지나 죽 들어가니 가게 앞에 웬 아줌마가 한 명 앉아있는데, 사방이 괴괴하고 왠지 이상한 느낌이 들었다. 복도를 따라 들어가니 '내실'이라 쓰여 있는 방이 나왔고, 방 안에 커다란 금고와 장부가 놓여 있었다.

주인은 '연애'만 하면 된다면서 계산은 '반반'이라고 했다. 몇 달만 벌면 집도 살 수 있다면서 장부를 보여주는데, 정말 다들 몇백씩 버는 걸로 적혀 있었다. '반반'이라는 소리만 귀에 들어왔다. 계산을 두 달에 한 번씩 한다기에, 나는 매달 집에 돈을 보내야 하니 매달 계산해 달라고 부탁했다. 주인도 거부하지 않았다. 일하는 조건은 합의했지만, 무슨 일을 하는 건지 그때까지도 정확히 모르고 있었다.

이제부터 먹고 자고 일할 '내 방'이라면서 빈방을 하나 주었고, 다음날에는 가구를 사러 가자고 했다. 같이 외출해서 침대, 이불, 냉장

용산 집결지. '판도라' 사진

고, 텔레비전 등 필요한 살림을 이것저것 신나게 샀다. 나중에 다 값을 치러야 하는지도 모른 채 '이게 웬 떡이냐' 했다. 그땐 몰랐지만, 그 무렵 정작 '이게 웬 떡이냐' 쾌재를 부른 사람은 주인이었다. 일하겠다고 스스로 찾아온 사람이라 소개비를 안 줘도 되니 그야말로 호박이 넝쿨째 굴러들어온 거였다. 그 바닥에선 정말로 희귀한 케이스였다.

'연애'만 하면 된다더니…

그날 비로소 '동료'들을 제대로 보았다. 저녁이 되니 아가씨들이 하나둘 나오기 시작하는데, 드레스 차림에 짙게 화장한 모습이 낯설고 이상해 보였다. 그때까지도 상황 파악을 못 한 상태였다. 주인에게 물어보니, 저렇게 하고 앉아있다가 손님이 부르면 가서 연애만 해 주면 된다고 했다. 그래, 연애 그까짓 거 못하겠나 싶었다. 연애 그까짓 거, 하자고 굳게 마음먹었다.

결심은 섰는데, 왠지 겁이 나기 시작했다. 무서워서 못 하겠다고 하니까 억지로 떠밀지는 않았다. 이틀간 방에 틀어박혀 있었더니, 점심 때 아가씨들이 말을 걸어왔다.

"왜 일 안 해? 하면 되지. 하루 벌면 돈이 얼만데…."

제 발로 와놓고는 왜 놀고 있는지 궁금해했다. 더 이상 미룰 수 없었다. 마침내 사흘째 되는 날, 드디어 일을 하겠다고 선언하자 주인이

코앞에 있는 화장품 가게로 데리고 가 이것저것 사서 안겼다. 화장품을 사 주니 갖고 돌아오긴 했는데, 화장을 한번도 해 본 적이 없어 뭘 어떻게 발라야 하는지 까맣게 몰랐다. 친구들이 화장하고 다닐 때도 늘 맨얼굴로 다녔고 머리 스타일에도 까다롭지 않았다. 그만큼 외모 꾸미는 데 관심이 없었다. 지금 와서 생각해 보면 왜 그랬는지 모르겠는데, 그만큼 철이 없었던 건가 싶다.

끈 달린 하얀 드레스를 입으라 해서 입고, 화장은 할 줄 모르니 그냥 맨얼굴로 있었다. 첫 손님을 받던 순간이 지금도 잊히지 않는다. 손님이 나를 고르고 안내받아 방에 들어가자 '현관'이 나를 방에 들였다. '현관'은 일명 '나까이'라고 불리던 중년 여성들로, 호객을 하거나 각 방에 손님을 요령껏 들이고 조절하면서 화대의 일정 비율을 수입으로 챙기는 이들이었다.

방에 들어가니 손님이 내 옷을 막 벗기려 들었다. 안 벗으려고 하니 벗으라고 난리였다. 그때에서야 알았다.

'아, 연애가 이거구나. 잘못 생각했구나….'

내가 맨얼굴이고 어려 보여서 그랬는지, 나에게 호의적이었다. 주인에게 주지 말고 감춰 놓으라면서 돈도 많이 줬고, 이러고 있지 말고 사회 나가 일해서 돈 벌라는 말도 했다. 나중에도 나를 참 많이 찾아왔다.

손님이 가고 나자 눈물이 하염없이 흘러내렸다. 모든 것이 두렵고 무섭기만 했다. 세상이 끝난 것만 같았다. 지구 끝의 아찔한 벼랑에 아슬아슬하게 서 있는 것만 같고, 거기서 한 발짝만 움직이면 딱 떨어

용산 집결지. '판도라' 사진

져 죽을 것만 같았다. '현관'이 나와서 씻으라며 문을 두드리는데, 밖으로 한 발짝도 나갈 수 없었다. 못 나간다며 문을 잠가 버리고는, 서럽고 또 서러워서 내내 울기만 했다.

밤이 지나가고 아침이 되자 '현관'이 또 밥 먹으라며 문을 차기 시작했다. 퉁퉁 부은 얼굴로 문을 열자, 일 안 하려면 방을 비우라고 했다. 내 방인데 왜 그러냐고 따지자, 그러면 일을 하라고 다그쳤다. '현관'들은 위로도, 자비도 없는 사람들이었다.

어차피 망친 인생, 죽기 살기로 해서 돈이나 벌자

하루하루 괴롭고 고통스러운 시간이 지나가자 슬슬 오기가 생기기 시작했다. 어차피 엎질러진 물이고, 이미 일어난 일이 없었던 일이 될 수는 없었다. 여기를 나간다 한들 정상적으로 살 수 있을까…. 남자를 속이고 결혼한들, 하늘이 알고 땅이 알 텐데, 그게 되겠는가 싶었다. 비밀이 유지되기도 어렵거니와, 평생을 함께할 배우자에게 과거를 숨기는 것도 못할 일이었다. 망친 인생이라고 넋 놓고 있을 일이 아니라 이왕 이렇게 된 거, 죽기 살기로 해서 돈이라도 벌자고 마음먹었다.

다만 걸리는 건 가족인데, 남동생은 군에 있고, 엄마는 아버지 돌보느라 꼼짝 못하고, 막내는 어렸다. 간섭받을 일이 없으니 차라리 다행이었다. 그래도 만약의 경우에 대비해 놔야 했다. 혹시라도 가족한테 연락이 오면, 주인 아파트에 살면서 주인 친구 의상실에서 일하는 걸로 미리 주인과 각본을 짜놨다. 이럭저럭 한 달이 되었다. '반반' 계산하는 날이니 주인이 올 때까지 안 자고 기다렸다. 그녀는 나한테 한 달에 한 번 계산해 주기로 한 것도 까맣게 잊고 있었다. 그녀는 왠지 손해 보는 기분이 들었는지, 알았다면서 쌍욕을 해대며 장부를 꺼냈다. 이 바닥에서 쌍욕은 기본이었다.

내 한 달 벌이는 따로 기록해 놓지 않았는데, 굳이 그럴 필요도 없었다. 내가 버는 돈의 일부를 받아 가는 '현관'들이 정확하게 적어놓고 있었으니 말이다. 주인과 계산하면서 냉장고 값, 침대 값, 이불 값, 화장품 값, 드레스 값까지 온갖 비용을 다 뗀다는 것을 비로소 알게 됐다. 게다가 '현관' 몫까지 몇 프로를 뗀다는 것도. 그러니 주인의 계산법으로 하면 내가 받을 게 없었다. '반반'이라고 말한 것과 다른데, 가만 있을 수 없었다. 만약 현관비가 30만 원이면 주인과 내가 각각 15만 원 내야 맞는데 왜 나한테 30만 원을 다 받냐고 따졌더니, 자기는 더 준다고 했다. 그걸 어떻게 믿냐고 하니 또 쌍욕이 날아왔다.

"XX년아! 그거, 내가 가 주는 건데 니하고 뭔 상관이냐?"

말도 안 되는 억지소리를 더 들어야 했다. 나도 지지 않았다. 그럼 앞으로 일 못 하겠다고 했더니, 주인이 웬일로 선선히 양보했다.

"그래, 그럼 니한테 현관비 안 받는다, XX년아!"

다음달에 두 번째 계산일이 되었다. 그달에 얼마 벌었다는 것만 알려주면서 돈을 안 주겠다고 했다. 통장과 도장을 주면 은행 가서 돈을 부치고 오겠다고 했더니, "XX년아, 내가 떼먹냐?"라며 핀잔을 줬다. 장부를 보니 또 어질어질했다. 현관비도 첫 달만 안 받은 거였고, 빈방값이라는 게 또 있었다. 내 방에서 손님이 잠들면 빈방에서 손님을

용산을 떠나면서

따로 받았는데, 그 방값을 떼는 것이었다. 거기에 더해 손님들에게 서비스로 주는 양말 값까지, 오만 것을 다 뗐다. 빈방값을 받는 것도 어처구니없었지만, 양말 값은 더했다. 미리 얘기하지도 않은 것을 왜 내야 하냐고 또 따지고 들었더니 “돈에 지독한 년”이라며 난리를 쳤다. 이렇게 사사건건 따지는 사람이 없었겠지 싶다.

할 수 없이 주인 계산법대로 계산하고도 몇백만 원을 받았다. 그래도 다른 아가씨들보다 두 배는 되었다. 팁을 많이 받았는데 팁을 따로 챙기지 않고 다 내놨고, 방을 동시에 몇 개씩 쓰면서 손님을 쉴 새 없이 받았다. 맨얼굴이라 순진하게 보였는지 손님이 많았는데, 그러다 보니 아가씨들의 시샘을 사기도 했다.

은행에 돈 부치러 갈 때면 행여 도망이라도 갈까 봐 감시가 심했다.

"XX년아, 너같이 제 발로 굴러 들어온 년 놓치면 내가 억울하잖냐."

주인은 농담처럼 말했지만 사실이었다. 은행 가서 엄마한테 300만 원을 보냈다. 보통 직장인 월급이 50~60만 원 될까 말까 할 때인데 300만 원을 보내면 의심할 게 분명했다. 생각 끝에, 의상실 다니면서 계를 들어 1번으로 탔다고 둘러댔다. 엄마도 세상 물정 모르고 곱게 살아온 분이라 내 말을 곧이곧대로 믿었을 것이다.

최소한의 권리와
인간적 대우를 보장해달라는 외침

열심히 일하고 열심히 벌었다. 몇 달 있다 보니까 이 바닥의 불합리와 모순, 비인간적 대우들이 눈에 들어오기 시작했다. 아가씨 한 명 한 명이 곧 '돈'이라 온갖 비용을 뒤집어씌워 뜯어내면서 도망을 필사적으로 막고 있었다.

우선 미용실에 무조건 강제로 가게 했는데, 바로 앞인데도 꼭 드레스를 입고 가도록 했다. 드레스 차림으로는 도망가기 어렵기 때문이다. 미용실과 목욕탕에 갈 때도 꼭 '현관' 아줌마와 같이 가도록 했다. 화장품도 무조건 외상으로 사야 했는데, 이런저런 외상값은 주인이 장부에 적어서 관리했다. 현금이 있으면 택시 타고 도망칠 수 있으니 아예 돈 쓸 일이 없도록 하는 식이다. 가장 참을 수 없는 것은 몸이 아파도 손님을 받도록 강요하는 거였다. 아가씨들은 익숙해서 아무렇지 않은 모양이었지만, 난 그냥 넘길 수 없었다. "언니, 이렇게까지 해야 되나? 몸이 아픈 애를 굳이 일을 시켜야 되나? 아프면 약이라도 사 먹이든지 해야지. 이건 너무 심하다."

우리에게 최소한의 권리를 보장해 주고 인간적으로 대우해 달라고 요구했다. 무슨 거창한 '운동'을 계획했던 것은 아니다. 단지 부당한 대우를 참을 수 없었을 뿐이다. 주인과 갑-을 관계로 묶여 있긴 하지만, 우리가 너무 많이 양보할 필요는 없는 것 아닌가.

주인과 점점 마찰이 생기는 것을 피할 수 없었다. 팁은 내놓지 말자고 주장하기도 했고, 한 번은 '파업'도 주도했다.

"야, 우리, 이렇게 대우받고 살 수 없다. 오늘은 단체로 일하지 말고 도망가자. 저것들한테 한 방 먹이자!"

속으로는 다 같은 마음이었기에 다들 호응했다. 그날 밤, 옷 보따리를 몰래 숨겨놓고 온갖 핑계를 대고 한 명씩 빠져나왔다. 열한 명이 몰려간 곳은 나이트클럽. 모처럼 스트레스 풀며 놀다가 도중에 잡혀왔는데, 누가 몰래 일러바친 게 분명했다. 주인이 '주동자'인 내게 물었다.

"너가 원하는 게 뭐고?"

내가 요구한 건 자유와 휴식이었다. 일단 아프면 쉬게 해 달라고, 그리고 한 달에 한 번이라도 쉬게 해 달라고 했다. 이렇게 하루도 못 쉬고 매일 일하는 건 인간으로서 할 짓이 아니지 않냐는 내 말에 주인도 뭔가 느끼는 게 있었던 모양이다. 주인이 역으로 1박 2일 여행을 제안해 왔다. 얼마 후 관광버스를 빌려 단체로 강화도에 다녀왔다. 솔직히 관광은 뒷전이었고, 하루 일 안 하는 것이 그렇게 좋을 수 없었다. 더불어 내 말이 좀 통했나 싶고 내가 잘했나 싶어 우쭐해지기도 했다. 본의 아니게 리더 역할을 하고 있으니 잠시 으쓱해지는 기분도 들었다.

아가씨들끼리는 서로 도와주고 품앗이할 일이 종종 생겼다. 그러다 보면 동료애 비슷한 걸 느끼게 될 때도 있다. 옆방 아가씨가 '긴밤' 손님을 받았는데 볼일이 있어 외출해야 한다고 하면 '마무리'를 해주는 식이다. '긴밤' 손님에게는 밤에 한 번 아침에 한 번, 그렇게 두 번은 필수라서다(사실 '긴밤' 손님 중에 두 번으로 만족하는 사람은 많지 않다. 본전 뽑겠다는 각오로 서너 번씩 시도하는 사람이 대다수다.). 손님들은 여자가 바뀌니까 열에 아홉은 더 좋아하는데, 추가 비용 없이 새로운 여자를 만나게 되니 그게 그렇게 좋은가 보다. 서로 '긴밤'을 마무리해 주는 것 못잖게 쓸모있는 것이, 어느 방에서 손님이 거칠게 굴고 고함을 지르면 밖에서 문을 두드려 줌으로써 경고를 날리는 거다. 못된 손님들 또는 격한 손님들을 미리 제어하는 예방 장치가 되니까.

POLIDENT
타이레놀
500 밀리그램
우루사
200 밀리그램
Betamira
티어린프리
OP+US
ESCORT
ESSE

나의 일상

악랄하게 일 시키는 포주들

실제로 그 일을 좋아서 하는 사람은, 적어도 내가 아는 한은 없었다. 하루에 열댓 번 정도 되었을까. 반복적인 접촉으로 인한 자극을 피부가 견뎌내지 못했다. 붓고, 쓰리고, 아프고…. 물론 개인차가 있어서 잘 견디는 사람, 회복이 빠른 사람도 있긴 하지만 대부분 통증을 달고 살았다. 아무리 아파도 일은 해야 하니 젤을 사용하거나 순해 보이는 '긴밤' 손님을 한 명 받는 식으로 대처하는 게 고작이다. 정 심하면 병원 치료를 받기도 하지만 그때뿐이고, 하는 일이 달라지지 않는 한 재발은 뻔한 것이다.

재미있게도 보건소의 성병 검사가 작은 숨구멍이 되곤 했다. 보건소에서 일주일에 한 번씩 현장출장소 같은 것을 차려놓고 매독, 임질, 에이즈 등이 있는지 검사하는데, 여기서 통과되어 보건증에 도장을 받아야만 일을 계속 할 수 있었다. 당국에서는 성매매를 단속한다고 했지만 우리는 단속을 받은 적이 한 번도 없었다. 보건증에 도장만 받으면 얼마든지 일할 수 있었으니까.

보건증 검사는 자다가도 불려가서 받아야 했다. 뭐든 걸린 것으로 나오면 재검에서 통과될 때까지 일을 못 하니까 그냥 쉬어야 한다. 약이나 먹으면서 그냥 먹고 자고 쉴 수 있으니 얼마나 좋은가. 통과가 안 되기만을, 도장을 못 받기만을 학수고대하며 고심 끝에 생각해낸 것이, 검사 나온다는 연락이 오면 일부러 며칠씩 안 씻고 버티는 것이다. 찝찝해도 어쩔 수 없다. 그렇게라도 해서 일을 잠시라도 안 할 수 있다면야…. 그렇게 해서 도장을 못 받으면 잔치 분위기가 된다. 이제 다음 단계에서는 절대 빨리 낫지 않도록 최대한 감염 상태를 오래 유지하는 것이 관건이 된다. 직원이 주는 치료 약을 삼키지 않으려고 입에 머금고 있다가 직원이 가고 나면 뱉어내는 식이다. 그렇게 피나는 노력을 해도 매일 진행되는 재검에서 언젠가는 통과되기 마련이다. 그러면 다시 일하러 끌려갔다. 그럴 때는 데리러 오는 나까이가 저승사자처럼 보이기도 했다.

매달 생리 기간을 넘기는 것도 큰일이었다. 생리 중에는 일을 안 하는 게 허용되었지만, 문제는 길어야 이틀까지라는 것이다. 하지만 생리를 이틀만 하는 여자가 얼마나 될까. 게다가 그 이틀도 온전히 쉬게 내버려두지 않았다. 손님 하나만 받고 쉬라면서 사람을 밀어넣으면 어쩔 도리가 없다. 그럴 때면 솜으로 지혈하는 방법이 고육지책으로 쓰였는데, 그런 상황이 반복되면 솜을 빼러 병원까지 가야 하기도 했다. 또 어쩌다 보면 생리혈이 이불 같은 데 묻게 된다. 이를 보고 질색

한 손님이 재수없다며 아가씨 뺨을 때리고 환불을 요구하는 일도 있었다. 손님이 난리를 피우자 주인은 환불해 주기 싫으니 다른 아가씨 방에 들여보내 해결했다. 생리 기간마다 벌어지던 크고 작은 사건들, 거기서 일하는 아가씨라면 누구나 겪는 일이었다.

주인과의 기싸움, 머리싸움

단체로 다녀온 강화도 여행이 기분전환은 되었을지언정 우리의 일상을 바꿀 수는 없었다. 하루하루 지나갈수록 다시 불만이 쌓여갔다. 특히 집집마다 계산법이 조금씩 달랐는데, 주인들은 서로 비교를 못 하도록 소통을 막고 방해했다. 그래도 정보는 비밀리에 유통되었다. 벌금이 없다든지 외출 · 외박을 허락한다든지 등등 우리집보다 '복지'가 나은 집의 소식이 들려올 때면 불만이 더 커져갔다. 벼르고 별러 주인에게 문제를 제기하면, 자기는 평생 이렇게 벌었는데 네가 뭔데 바꾸려고 하냐며 꿈쩍도 안 했다. 아니면 반찬에 신경을 더 써준다거나 데리고 나가 술 한잔 사주는 식으로 일회성으로 대응하고 말았다. 나도 고분고분 있지 않고, 양말값을 일률적으로 떼는 것을 다시 문제 삼았다. 양말이 필요한 사람들이 직접 사서 쓰면 될 일이니까.

"그럼 XX년아, 맨날 일 안 하고 시장만 댕길래?"

주인의 딴지는 끝이 없었다. 그럼, 돈을 모아 누가 대표로 가서 한 번에 사 오면 될 일 아닌가? 나중에 알고 보니, 돈은 없고 빚만 잔뜩인 아가씨들 형편과 너무나 동떨어진 생각이었다. 이 바닥은 철저하게 소개비를 주고받으며 '거래'되는 식이었고, 그 소개비는 고스란히 빚으로 남아 있었다. 소개비 때문에 빚더미에 오르고, 빚 때문에 도망쳤다 잡혀 오기도 했다. 당시 화대가 5천 원, 만원 정도였는데, 어떤 경우는 빚이 몇천만 원씩 되기도 했다. 빚이 점점 불어나면 점점 더 먼 지방으로 팔려 가고, 심한 경우엔 섬까지 가게 된다. 일단 섬에 들어가면 나오는 것이 거의 불가능하다. 보통 2인 1조로 거래되는데, 빚 없는 사람과 빚 많은 사람이 한 조로 묶여서 거래되었다. 빚 많은 사람이 가 버리면 빚 없는 사람이 덤터기를 쓰는 식이니, 일종의 연대보증 같은 것이다. 주인으로서는 상당한 액수의 소개비를 투자 개념으로 쓰는 거라, 소개비를 회수하기 어렵겠다 싶으면, 즉 장사를 못할 것처럼 보이면 빚이 없어도 받아 주지 않았다. 그 집에서 빚 없는 사람은 오로지 나뿐이었다. 바꿔 말하면, 제 발로 오는 사람, 나처럼 멍청한 짓을 하는 사람은 없다는 얘기이기도 하다.

대구 자갈마당은 다행히 이자는 안 받아서 원금만 갚으면 되었다. 무이자, 얼마나 좋은 조건인가. 머리를 써서 돈을 당겨쓰기로 했다. 아버지 재수술비로 집에 천만 원을 보내야 한다고 하니, 주인이 웬일로 선뜻 돈을 내주었다. 은행 가서 엄마한테 부치는 척하고 내 통장에 넣어 두었다. 이자 안 내도 되고, 매달 벌어서 까면 되고, 돈 내놓으라고 주인과 실랑이 안 해도 되니 1석 3조였다.

이렇게 돈 놓고 주인과 머리싸움을 하다 보면 헛발질을 하는 일도 생기곤 했다. 손님한테 팁으로 받은 돈은 용돈으로 쓰려고 주인 몰래 숨겨 놓는데, 돈 숨길 데가 별로 없으니 아가씨들이 알려 주고 전수해 주는 비결을 잘 써먹어야 했다. 보통 베개 밑에 넣어 놓거나, 연탄구멍에 쑤셔 넣거나, 심지어 천장을 뜯어서 숨긴다고 들었다. 언제였나, 누군가 연탄구멍에 넣어 놓은 돈을 깜빡 잊고 있었던 모양이다. 나중에 연탄 땔 때 나는 이상한 냄새로 이를 알아챈 주인이 한마디 거하게 날렸다.

“이 XX년들아! 누구 돈인지 모르겠지만 잘 탄다! 잘 타! 아, 몇천 원이라도 건지지? X년들이….”

갈 데도 없고,
만날 사람도 없는

집에 갔다 오고 싶은 마음이 굴뚝같았다. 실은 그 전에 한번 갔다 온 적이 있는데 뒷맛이 씁쓸했었다. 대구역에서 기차를 기다리는데 낯익은 사람이 눈에 띄었다. 부산역에 내려서도 언뜻 본 것 같았다. 그가 내 뒤를 밟아 우리집까지 쫓아온 것을 확인했다. 안 돌아올까 봐 미행을 붙인 게 뻔했다. 어차피 이렇게 된 마당에 "차라리 니 차 타고 가자" 그러고는 그 차로 올라왔다. 나를 뭘로 보고 그러냐고 주인에게 따지면서도, 속내를 들킨 것 같아 내심 찔렸다. 도망갈 궁리는 늘 하고 있었으니까.

도망! 정말 시도해 본 적도 있다. 유난히 이 일이 진절머리 나고 못 견디게 싫을 때가 있었다. 특히 손님이나 주인과 싸워야 할 때면 더더욱 그랬다. 갚아야 할 빚은 잔뜩인데 손님이 없어 놀고 있는 아가씨들을 봐도 답답하고 가슴에서 천불이 났다. 그렇다고 내 손님을 양보할 수도 없는 노릇이다. 언제까지 여기서 이렇게 살아야 하나…. 다방이나 레스토랑에서 일하다 온 아가씨들한테 들으니 그런 수입으로는 돈벌이가 안 될 것 같았지만, 어떻게든 여기를 벗어나 다른 일을 해 보자고 마음먹었다.

어느 날, 결심을 드디어 실행에 옮겼다. 미용실 간다는 핑계로 나와서 미용실 복도에 옷을 숨겨 놓았다. 미용실 가는 척 계단을 올라가다 골목에서 옷을 막 갈아입고 택시를 타고 동대구역으로 냅다 달렸다. 차표를 끊고 돌아서는데 누가 내 앞을 턱 가로막았다.

"옥경아!"

"언제 왔냐?"

"너 어디 가노?"

"집에."

"집에 가면 말을 하고 가지."

"말하면 보내 주더나? 보내 줘야 말을 하고 가지."

"내가 가서 얘기할게. 가자."

"뭐, 그래. 가자."

속으론 깜짝 놀랐지만 태연하게 대꾸했다. '몇 호집의 누가 튀는지' 상주해서 감시하는 건달들이 있었다. 따라가지 않으면 끌려가게 생겼기에 어쩔 수 없었다. 다시 돌아오니, 주인은 자기를 속였다며 난리를 피웠고, 나도 지지 않고 대꾸했다."언니가 말하면 보내주나? 편하게 보내줬나? 우리집까지 감시 붙이고 우리집까지 알아놨는데. 가서 우리집에 가서 또 나발 불면 난 어떡하고?"

"그러면 니 원하는 게 뭐냐?"

"집에 가서 일주일만 쉬고 올게. 진짜 감시 붙이고 이러면 안 온다. 일주일만 딱 쉬고 올게."

그렇게 극적으로 휴가를 얻어내 부산에 내려갔다. 엄마에게는 출장 온 김에 들렀다고 거짓말했다. 아버지는 수술을 몇 차례 했는데 또 병원을 옮겨야 할지 모른다고 했다. 이모 집에 누워 있는데, 마음이 내내 불안하고 불편했다. 엄마가 계신 병원도, 동생이 있는 이모 집도 내가 있을 곳이 아니었다. 동생이 갖고 싶다는 면바지 하나 사 주고는 서둘러 부산을 떠났다. 기차는 하염없이 달리는데, 이제는 또 어디로 가나…. 어떻게 얻은 휴가인데…. 또다시 갈 데 없는 처지가 되어 결국 동대구로 돌아가야 하나…. 이틀 만에 돌아가면 주인이 온갖 욕을 해대며 놀릴 텐데, 너무 자존심 상하는 일이다.

동대구역에 내려선 에라 모르겠다 하고 나이트클럽에 갔다. 술을 주문해 놓고는, 놀 기분도 아니라 혼자 멍하게 앉아있다 나와 버렸다. 며칠 동안 백화점에도 가고 산에도 가면서 시간을 보내기로 마음먹었다. 숙소를 잡아야 하는데 모텔이나 여관에는 들어갈 엄두가 나지 않았다. 비록 거기서 일은 하면서도 막상 들어가 자려고 하니 발길이 떨어지지 않았다. 마침 깨끗해 보이는 호텔이 눈에 띄었다. 그래도 호텔은 여자 혼자 들어가도 괜찮아 보이지 않을까 싶어 발길을 옮기는데, 주변 사람들의 야릇한 시선이 느껴졌다. 그때만 해도 우리 사회가 그랬다. 이를 무시하고 들어갈 배짱이 없었으니, 결국 밤중에 택시 타고 도착한 곳은 도로 자갈마당이었다.

"언니, 내, 일주일 쉬기로 했으니까, 이제 사흘 남았으니까 마저 쉴게요."

"XX년아, 니가 가 봤자지. 차라리 일을 해서 돈이라도 벌지, 이런 XX년아."

온갖 수모를 당하면서도 방에서 사흘을 끝까지 버텼다. 갈 데가 있나, 만날 친구가 있나. 이런 내가 스스로 생각해도 불쌍했다. 나중에는 일을 안 하면서 밥만 먹는 것이 미안했다.

"야, XX년아! 아직도 하루를 꼭 채워야 되겠냐?"

"…."

"일할래?"

"안 해!"

무슨 자존심인지 그때는 그랬다. 갈 데가 없어서 며칠을 못 채우고 돌아왔을 때의 그 모멸감은 두고두고 깊은 상처로 남았다.

'나는 과연 쓸모가 있는 인간인가? 돈 버는 기계는 아닌가?'

그때부터는 주인에게 반항도 안 하고, 계산도 따지지 않았으며, 되는대로 일했다. 전에는 손님 한 명이라도 더 받아서 빨리 집안의 돈 문제를 해결하고 싶었는데, 그런 의욕도 더 이상 생기지 않았다.

시간이 흐르면서 예상하지 못한 변화도 생겨났다. 아가씨들을 대표해 권리를 자주 주장하다 보니 주인과 대면해 소통할 기회가 더 많았다. 그러다가 때로는 양측의 중간자 역할을 하게 될 때도 있었다. 아가씨들 중에는 미성년자도 많았고, 초등학교만 졸업한 저학력자, 심지어 문맹도 있었다. 그러니 주인들이 이용하고 갈취하기에 최상의 조건이었다. 아가씨들 편에서 주인과 싸우기도 했고, 또 주인 뜻에 맞춰 줘야 할 때는 아가씨들을 설득해 이끌어가기도 했다. 그렇게 양측에 모두 필요한 존재가 되어가면서 내 자존감을 조금씩 회복했던 것 같다. 누가 내게 그런 역할을 부여했던 것은 아니다. 대학까지 다닌 고학력자라고 내세운 적도 없었다. 아마 그런 식으로 처신했더라면 잘난 체한다고 따돌림 당했을 것이 뻔하다. 권리를 주장하고 대응책을 세우고 양측 입장을 중재하는 것을 보면서, '많이 배운 사람'이라 여기고 대접해 줬던 것 같다. 또 주인도 주인 나름대로 내게 '미운 정'이 들었는지 나를 '반주인'처럼 대우해 줘서, 나중에는 새로 오는 아가씨를 관리하는 역할을 맡기기도 했다.

막달레나의 집 매실 거르기.

무법천지 자갈마당

시간이 가면서 가게에서는 그렇게 자리를 잡아갔지만 자갈마당을 찾는 다양하고 무시무시한 손님들에게는 쉽게 적응이 되지 않았다. 그 안에서 어떤 일들이 벌어졌는지 보통 사람들은 상상도 할 수 없을 것이다. 조폭이니 마약이니, 뉴스나 영화에서 보던 장면들이 매일매일 눈앞에서 펼쳐졌다. 무법천지나 다름없는 자갈마당에서 나는 온갖 범죄의 목격자이자 증인이었다. 그 험한 일들을 어디까지 풀어놔야 할지, 내 기억 속에만 남겨둘 것인지, 고민스러웠다. 활자화된 기록으로 남기는 것에 부담이 없지 않았지만 이 역시 내가 겪은 내 삶이다. 있었는데 없었다고 할 수 없는, 알았는데 몰랐다고 할 수 없는 일들이다. 한때 몸담았던 곳, 내 청춘을 바친 곳, 집창촌 자갈마당이 품고 있는 진실이다.

거기서의 내 삶은 일하고, 돈 벌고, 술 마시고, 화투 치고, 이 과정의

무한 반복이었다. 하나 빠진 것이 있다. 거기선 흔한 것이었지만 나는 한사코 멀리했던 것, 바로 마약이다. 거기서는 술만큼이나 마약도 흔했다.

어느 손님인들 상대하기 쉬웠겠냐마는, 맨정신으로 오는 사람이 그래도 가장 낫고, 그다음이 술 취해 오는 사람이다. 그런데 이보다 더한 이들이 있으니 마약하는 사람이다. 이들은 속된 말로 '노답(답이 없음)'이다. 마약은 지금도 마찬가지지만 엄하게 다스려지는 범죄 아닌가. 그런데도 80년대에, 내 나이 20대 때 당시 대구에 마약하는 사람들이 꽤 있었던 모양이다.

주인들은 그들이 마약을 한다는 걸 알면서도 우리를 그 방에 밀어 넣었다. 보통 손님들 매출의 열 배를 올려 주는 '큰손'이니 보통 VIP가 아니다. 당연히, 신고할 생각도 없다. 손님과 주인 사이에 그런 밀월관계가 만들어지면 그 집은 안전하게 마약을 할 수 있는 단골 가게가 된다.

내 경우엔 우리 가게에서 마약 손님을 전담하다시피 했는데, 그럴 만한 까닭이 있었다. 그들은 다른 손님들이 눈치챌 수도 있으니 보통 손님이 뜸한 낮에 온다. 그들이 계산을 마치면 잠시 물러나 있으라는 주인의 지시가 내려온다. 말하자면 투약할 시간을 주는 건데, 한두 시간 있다 들어가면 이미 제정신이 아닌 상태임을 보게 된다. 소위 '맛'이 가 있다고 할까. 방문을 열자마자 코를 찌르는 건 쎄한 약품 냄새다. 특히 밀폐된 공간이라 그 자극이 눈물이 날 정도로 강하다. 방 안에 굴러다니는 주사기를 본 것도 여러 번인데, 이름은 알 수 없었지만 필로폰이 아니었나 짐작해 본다. 한 번 오면 이삼 일씩 죽치고 있다 가니, 나중에는 방에 앉아 있기만 해도 두통이 밀려오고 냄새에 오감이 마비될 것만 같았다.

약품 냄새도 괴롭지만 특유의 이상한 행동들이 더 사람을 미치게 만든다. 성감을 높이기 위해 마약을 하는지는 모르겠지만, 성관계가 제대로 되질 않는다. 뜻대로 안 되니 성질이 나서 술을 마시는데, 약 기운 때문인지 취하지도 않고, 취하지 않으니 또 마시는 악순환이다. 흥분 상태라 잠잘 생각도 없고, 자기가 안 졸리니 남도 못 자게 한다. 행동도 어찌나 산만한지 갑자기 방을 뒤지질 않나, 불을 껐다 켰다 하라 하고, 방문을 열었다 닫았다 하라 한다. 또 나가서 망을 보라는 둥, 누가 잡으러 왔다는 둥, 불이 났다는 둥 이상한 소리를 밤새도록 지껄인다.

그런 상태로 이삼 일 같이 있다 보면 심신이 녹초가 되면서 속칭 '돌아버리는' 상황이 된다. 제법 멘털(정신력)이 강하다고 자부해 왔지만 마약쟁이를 상대하는 건 고난도의 미션이었다. 그나마 폭력적이지는 않았다는 것을 다행으로 여겨야 할까.

그렇게 악몽 같은 며칠이 지나고 나면 하루 휴가가 주어졌다. 아가씨들이 노는 꼴을 못 보는 주인인데도, 돈을 많이 벌어 줬으니 나름대로 보상을 해 주는 것이다.

우리집에서 마약 손님을 상대한 사람은 나 포함해 둘뿐이었다. 주인이 보기에 그래도 마약의 유혹에 넘어가지 않을, 나름대로 멘털 강한 사람들을 고른다고 고른 거다. 같이 하자고 권하는 마약쟁이들의 꾐은 정말이지 끈질기고 집요했으니까. 나는 그래도 끝까지 버텼지만 다른 한 명은 결국 유혹에 넘어가고 말았다. 우리에게 마약하지 말라던 주인은 그 아가씨가 마약을 끊을 수 있도록 도와주기는커녕 다른 곳에 냅다 팔아넘겼다.

포주들이 경찰, 조폭들과 친한 까닭

자갈마당은 또 다른 의미에서 치외 법권 지대나 마찬가지였다. 경찰이 잘 오지 않는 지역이니 기소 중지자들이 수두룩했다. 경찰을 피해 도망다니는 사람들에겐 역설적이게도 집창촌이 최고의 도피처인 셈이다. 경찰 단속이 거의 없다는 걸 알기에 그들은 '긴밤' 비용을 계속 내면서 아가씨들 방에 진을 치곤 했다. 주인도 그런 사정을 아니까 기꺼이 손님으로 받는다. 아니, 매상을 더 올릴 기회이니 쌍수 들고 환영한다. 아가씨가 다른 방에서 다른 손님 상대하며 매상을 이중으로 올릴 수 있기 때문이다.

주인들과 경찰들은 내통하는 사이였는지, 경찰이 어쩌다 오더라도 그들을 적극적으로 잡아가지 않았다. 매상을 올릴 만큼 올린 후에는 주인이 손님을 내쫓기도 하는데, 나가라는 소리를 들은 손님은 그 길로 행길에 서 있던 경찰차에 실려 갔다. 주인들과 경찰들이 친했기에 가능한 일이다.

가끔 경찰이 사복을 입고 오면 그날은 경찰을 '손님'으로 맞아야 하는 날이다. 경찰이 평소에 봐주는 게 많으니 주인으로선 절대 소홀히 하면 안 될 특급 VIP다. 주인은 서비스 잘해 주라고 아가씨한테 신신당부하는 것을 잊지 않았다. 물론 경찰한테 돈을 받을 생각도 하지 않았다.

자갈마당에선 피를 보는 것도 드문 일이 아니었다. 단순 범죄자들뿐만 아니라 일명 ○○파, △△파 등등 조폭들도 수시로 들락거렸는데, 어쩌다 보면 자기들끼리 치고박고 싸우고 칼부림까지 하곤 했다. 주인들은 경찰들과도 긴밀했지만 조폭들과도 그에 못지 않았다. 조폭들이 이른바 뒷배도 봐주고 돈도 펑펑 잘 쓰고 가니 얼마나 고마웠을까. 이때도 아가씨들이 그 도구가 되었음은 물론이다. 마약쟁이와 마찬가지로 조폭들을 감당해 낼 수 있는 사람도 많지 않았다. 우리 가게에서 조폭을 상대하는 것도 나의 몫이었다. 그들은 가게로 오지 않고 호텔로 불러냈는데, 이는 자갈마당 손님들 중에서 그들에게만 허용되는 예외였다. 주인 입장에서는 도망가지 않을 '확실한' 사람만 보낼 수 있다. 주인이 그만큼 나를 믿었다는 얘기겠지만, 조폭이 보낸 차로 이동하는데다 사방에 부하들이 쫙 깔려 있어서 어차피 도망은 꿈도 못 꾼다.

조폭 중에도 마약을 하는 이들이 있었다. 그냥 조폭도 아니고 마약을 한 조폭이라니…. 환각 증세를 보이며 밤새 괴롭히는 등 다른 마약 손님들과 행태는 비슷했다. 밤을 꼴딱 새우게 만드는 것도, 며칠씩 있다 가는 것도, 돈을 많이 주는 것도 똑같았지만, 같이 하자고 꼬시기만 하는 일반 마약쟁이들보다 훨씬 위험한 존재였다. 한 번은 그가 건네준 요구르트를 마셨는데, 뭔가 이상하다는 느낌이 들었다. 요구르트에 마약을 탄 눈치라 바로 내실에 달려가 주인에게 말하고 해독제(와 비슷한) 주사를 급히 맞았다. 정말 아찔한 순간이었다.

세상은 넓고
이상한 놈은 많고

그곳에서는 이상한 사람들한테 상처받는 일이 끝도 없이 생겨났다. 자기가 낸 화대를 도로 훔쳐가는 놈도 있다. 잠깐 씻으러 간 새에 그 돈을 들고 튀어버린 것을 나중에야 알았다. 또 당할 수는 없지. 오로지 돈을 벌기 위해 하는 일이니 돈을 지키는 게 먼저다. 그 뒤로는 화대를 받으면 무슨 핑계를 대서라도 밖에 나와 안전하게 숨겨 놓는 게 우선이 됐다.

화대는 어차피 정해져 있으니 팁을 더 받아내기 위해선 요령도 부릴 줄 알아야 했다. 이삼 일에 한 번씩 찾아오던 단골이 있다. 매달 돈을 집에 보내줘야 되는 형편이라고 앓는 소리를 좀 했더니 하루는 목돈을 들고 왔다. 조건 없이 주는 돈이라기에 그냥 받았는데, 돈의 출처를 나중에 알게 되었다. 오토바이를 훔쳐서 판 돈이었고, 그 일로 잡혀갔다는 소식을 들으니 어쩐지 미안해졌다. 그 마음도 일종의 순정이 아니었을까. 그가 교도소에 있을 때 영치금을 일일 한도액을 채워서 보내줬는데, 그렇게라도 해서 마음의 빚을 갚고 싶었다.

사람마다 성적 취향도 가지가지라 집창촌에서는 세상의 온갖 '변태'들을 만나게 된다. 때리면서 쾌감을 느끼는 가학적인 이들도 있는데 난 다행히 그런 사람에게 걸린 적은 없었다. 아가씨 두 명을 동시에 원하는 사람도 드물지 않았지만, 그런 사람도 무슨 수를 써서든 피하고 봤다.

변태인지 아닌지 얼굴만 봐서는 모르는 법이다. 일단 한 사람이 겪어 보고 변태임이 확인되면 이 정보는 바로 모두에게 공유된다. 아가씨들도 알고, 주인도 알고, 무엇보다 나까이들도 알게 된다. 이 대목에서 나까이들의 센스와 물욕이 빛을 발하는데, 겪어 본 아가씨들이 절레절레 고개를 저으니 이를 빌미로 변태에게 더 많은 돈을 요구하는 것이다. 그렇게 해서 돈을 더 받아내면 다른 아가씨를 방에 밀어 넣는다. 아가씨는 소문은 들었어도 보통 때보다 더 벌 수 있으니 일단 들어가지만 이내 후회하고 만다. 그 다음에 변태가 또 찾아오면 나까이가 부르는 돈이 또 높아지고, 거기에 혹해 또 다른 아가씨가 들어가는 식이다. 나까이들은 돈만 많이 벌 수 있다면 주저하는 것이 없었다. 옆집에서 깽판 부리고 온 사람도 돈만 많이 주면 받아서 방에 밀어넣는다. 돈이면 다 되는 세계, 돈이 모든 걸 결정하는 세계, 집창촌은 그런 곳이다.

연말연시 '대목' 때의 진풍경

거기도 '대목'이란 것이 있어서, 크리스마스와 송년회 때문인지 연말연시에는 손님들이 줄을 섰다. 손님이 밀려오는 건 분명 경사지만 보통 때처럼 영업했다가는 감당을 못하고 손님을 다 놓치게 된다. 보통 때는 아가씨들이 '홀복(드레스)' 입고 '미스방'에 쭉 앉아 있으면, 손님이 한 명을 지정하고, 선택된 아가씨가 방으로 이동하는 식이다. 그런데 손님이 몰리는 비상시엔 이러한 질서정연함은 찾아볼 수 없고, 오로지 속전속결이 미덕이 된다.

비상시엔 이 방 저 방에서 동시다발적으로 '일'이 벌어지는데, '일'을 치르는 속도가 다 다르다 보니 아가씨들은 이 방 저 방 들락날락하면서 손님들을 상대해야 한다. 그러다 보면 아가씨나 손님이나 서로 얼굴 볼 새도 없이 '볼일'만 후딱 보고 나면 끝이다. 눈맞춤도, 인사도, 대화도 모두 쓸데없는 것이 되어버리고, 필요한 건 오로지 남녀의 두 몸뚱이뿐이니까.

방이 정 모자라면 근처 여인숙을 통째로 빌려서 손님을 받았다. 그런 날에는 주인까지 나와서 손님을 안내하는데, 그야말로 한 명의 손님도 놓칠 수 없다는 프로 정신이다. 그럴 때는 우리집뿐만 아니라 옆집도, 그 옆옆집도 모두 손님을 받느라 전쟁을 치르곤 했다. 여인숙에 손님을 받으면 아가씨들이 외부로 왔다 갔다 해야 하니 주인과 나까이들은 더 예민해졌다. 그 와중에 아가씨들이 도망갈까 봐 쌍심지를 켜고 감시하면서 심지어 밥해 주는 아줌마까지 감시역으로 동원했다.

나까이들이 도움이 될 때도 있었는데, 빨리 안 가는 손님들을 '처리'해 줄 때다. 방에서 빨리 안 나오면 나까이들은 '회전율'을 높이기 위해 문을 두드려대고 손님을 밖으로 끌어내는 일도 서슴지 않았다.

그렇게 몇 주를 보내다 보면 인간에 대한 회의가 물밀듯 밀려오곤 했다. 자기가 놓인 환경에 따라 세상을 보는 관점도 달라진다더니, 거기서 경험한 인간은 다들 오로지 '그것'만을 위해 사는 존재였다. 물론 거기서 우리의 수입이 생겼고, 그 일이 우리의 업이었으며, 우리의 생활도 철저하게 '그것'에 맞춰져 있었음을 부정할 순 없지만….

여길 떠나고는 싶지만,
무슨 일을 할 수 있을까…

계속 이렇게 살 수는 없었다. 독립해서 뭐든 해봐야겠다 싶었지만 아는 것도, 할 수 있는 것도 없으니 고민만 무성했다. 주인도 한 번씩 나를 자극하곤 했다.

"이 XX년아, 대학까지 나와서 아깝지도 않냐?"

주인의 말은 진심이었던 것 같다. 하루는, 자기 아는 언니가 단란주점을 하는데 외국에 잠깐 나갔으니 맡아서 운영해 보라고 했다. 그러면서 방 얻으러 다닐 때도 같이 다녀 주고 영업 준비도 도와줬다. 보증금 없이 술과 안주를 다 내 재량으로 운영하는 조건이었다. 단골도 꽤 있는 집이라고 해서 일단 시작했는데, 장사 경험이 없으니 잘될 리가 없었다.

무엇보다도 '2차 관리'에 실패한 것이 결정적이었다. 단란주점 마담은 손님한테 아가씨를 데리고 2차를 가라고 권하면서, 화대를 미리 받아 아가씨한테 절반을 줘야 했다. 손님 중에는 2차 가서 돈 안 주고 도망가는 악질도 많기에 마담의 '선제적' 관리가 필요했다. 마담이 사실상 포주나 다름없는 건데, 그런 역할을 하자니 영 내키질 않았다. 손님들한테 2차를 권하지 않으니 아가씨들도 돈벌이가 안 되었다. 아가씨들이 하나둘 안 나오기 시작하면서 결국 두어 달 만에 정리했다. 돈도 못 벌고 허송세월만 한 셈이 되었다.

주인이 이번에는 예식장에 딸린 레스토랑을 운영해 보라고 했다. 예식장 예약 손님들에게 '삐끼'가 피로연 계약을 권해서 따내면 매출의 몇 프로를 주는 식이었다. 영업은 그렇게 한다 쳐도 식당 운영은 가볍게 보고 뛰어들 수 있는 일이 아니었다. 결국 이 일도 일주일 만에 때려치웠다. 단란주점과 레스토랑을 거치면서 얻은 게 있다면, 사업은 결코 내 길이 아님을 확인했다는 것이다.

그때가 20대 후반이었고, 동대구역에 내린 날부터 4~5년쯤 지났을 때였다. 경제적 상황은 많이 나아져서, 그동안 악착같이 모은 돈으로 부산에 아파트도 한 채 마련한 상태였다. 물론, 철저하게 '돈 버는 기계'처럼 산 결과였다. 하루에 열댓 명씩 손님을 받았고, 방이 부족하면 여관까지 데리고 가서 받았다. 포주들이 강제로 일을 시키니 안 할 수 없었고, 그런 만큼 수입이 꽤 많았다. 다행히 아버지가 퇴원하고 동생이 제대해서 집안 상황도 많이 달라져 있었다. 부산 아파트도 엄마 명의로 해드리니 자식으로서 할 도리를 웬만큼 했다는 생각이 들었다. 가족들에게 예전보다 돈을 덜 보내도 되었다. 그렇다고 놀 수는 없고, 모아놓은 돈도 점점 줄어들었다. 뭘 하긴 해야겠는데, 하고 싶

막달레나의 집 직원 체육대회.

막달레나의집
하계 캠프,
직원 장기자랑

은 것도 없고, 뭘 해야 할지도 몰랐다.

그러던 차에 윤희를 알게 됐다. 자갈마당에 2인 1조로 묶여서 왔던 아가씨다. 빚 있는 쪽이던 윤희는, 빚 없는 아가씨가 딴 데로 가버린 후 장사 실적까지 신통치 않아 찬밥 신세가 되어 있었다. 옆에서 보니, 차라리 도망가는 게 나아 보일 정도였다. 10만 원을 쥐여주며 몰래 도망가라고 했는데, 어느 날 정말 어디론가 사라졌다. 얼마 후 주인이 누구 잡으러 간다며 같이 가자고 했다. 가 보니 부산 완월동이라는 곳이었고, 문을 두드리자 나온 사람이 윤희였다. 도망가라고 보냈던 그 윤희다. 그녀는 빚이 다시 더해져서 자갈마당으로 도로 잡혀 왔다.

그런 사연이 있던 윤희가 어느 날 인천에 있다며 연락을 해왔다. 대구에 와서 이틀 동안 머물다 갔는데, 인천 옐로(옐로하우스)에 있다면서 자랑을 잔뜩 늘어놓고 갔다. 대구 자갈마당과 부산 완월동만 알았지, 인천 옐로는 처음 들어보는 곳이었다. '반반' 조건이고, 일하고 싶을 때 자유롭게 하면 된다며, 통제가 전혀 없다고 했다. 빚에 대한 이자는 있다지만 나는 빚은 해당 사항이 없으니 '자유'라는 말에 귀가 솔깃했다.

자유롭고 풍요로운 곳,
인천 옐로하우스

바로 대구를 떠나 인천으로 향했다. 어찌 보면 빚 있는 윤희와 묶이면서 미끼가 된 셈이다. 옐로 맞은편, 철길 옆에 골방을 하나 얻었다. 인천은 윤희 말대로 정말 자유로웠고, 대구와 여러 면에서 비교되었다. 무엇보다도 대구는 '숏타임'이 많은데 인천은 '롱타임'이 많아서 손님이 잠들면 그 후 시간을 자유롭게 쓸 수 있었다. 요령만 있으면 하루에 '롱타임'을 여러 번 뛸 수도 있었다.

수입은 무조건 반반 나누는 식이었고, 장부도 내가 적었다. 펨푸비로 10%를 떼어 줬던 것 같다. 당시 '롱타임' 화대가 15만 원 정도라, 두 탕을 뛰면 30만 원이었다. 1980년대 후반~90년대 초니 화폐 가치를 따져볼 때 낮은 가격이 아니었고, 대구에서 버는 돈과는 차원이 달랐다. 대구에서는 5천 원, 만 원짜리 '숏타임'을 하루에 열 번, 스무 번 뛰었고 밤을 새울 때도 있었는데, 인천에서는 하루에 한 번으로도

옐로우하우스 풍경. 한국향토문화전자대전 사진 수록

그 돈을 벌 수 있었다. 화장이든 머리든 아무도 강제하지 않았지만, 화려한 드레스를 입어야 해서 드레스값은 좀 들어갔다. 내 기억에 집창촌 중에서 그래도 제일 신사적이었던 동네가 인천 옐로하우스였던 것 같다.

오두막 같지만 내 방도 있고 일주일씩 놀아도 아무도 터치 안 하니 여유가 생겼다. 그러면서 화투판에 드나들기 시작했다. 옐로 안에는 하우스도 있고 술집도 있었는데 홀복 차림으로 가도 괜찮았다. 같은 업계에 있고 서로 사정을 다 아니까 부끄러울 것도, 눈치 볼 것도 없었다. 그러는 사이, 나를 인천으로 데리고 온 윤희는 또 튀고 없어졌다. 나와는 상관없는 일이라 여기고 나대로 재미있게 살았다. 사라졌던 윤희가 어느 날 또 연락을 해왔다. 지금은 용산에 있다며, 용산 방

식이 좋다면서 설명하는데 용어도 낯설고 계산법도 복잡했다. 얼마만 떼 주면 다 자기 몫이 된다고 하는데, 처음 듣는 계산법이라 잘 이해되지 않았다. 그래도 윤희의 말에 속는 셈 치고 용산에 한번 가 봤다가 허름한 하꼬방 같은 건물이 즐비한 것을 보고 깜짝 놀랐다. 서울 한복판에 그렇게 낡은 건물들이 있다는 것을 그때 처음 알았다. 내가 알던 그 서울이 아니었다.

"서울에 뭐 이런 데가 다 있냐? 야야, 이건 아닌 것 같다."

그런 용산, 전혀 내키지 않았다.

'독장사'를 할 수 있다는 용산으로

윤희가 나를 또 찾아왔다. 용산에서 벌이가 아주 괜찮다며 나더러 오라고 자꾸 권했다. 인천을 떠날 이유가 없어 계속 거절하니까 그제야 나를 데려온다 장담하고 이미 빚을 끌어다 썼다고 실토했다. 게다가 내 방도 마련해 놓고 텔레비전도 이미 사 놨다고 했다.

"야, 내가 너한테 거기서 일한다고 했냐? 일을 하면 여기서 하지!"

윤희도 포기하지 않았다. 용산에서는 '독장사'도 할 수 있다고 했다. 내가 버는 것이 온전히 다 내 돈이 되는 독장사, 그 말에 흔들렸고, 다시 용산을 찾았다. 윤희가 내 방을 마련해 두었다는 곳, 영비장의 주인을 만나 일단 조건을 들어봤다. 주인은 무조건 '반반'이라면서, 소박하게도 한 달에 5~6백만 원만 벌어 주면 된다고 했다. 깜짝 놀라서 "한 달에 5백이요? 하루에 5백이요?" 되물었다. 한 달에 5백이 맞았다. 이게 웬 떡이냐 싶어, 곧 짐을 정리해서 오겠다고 했다.

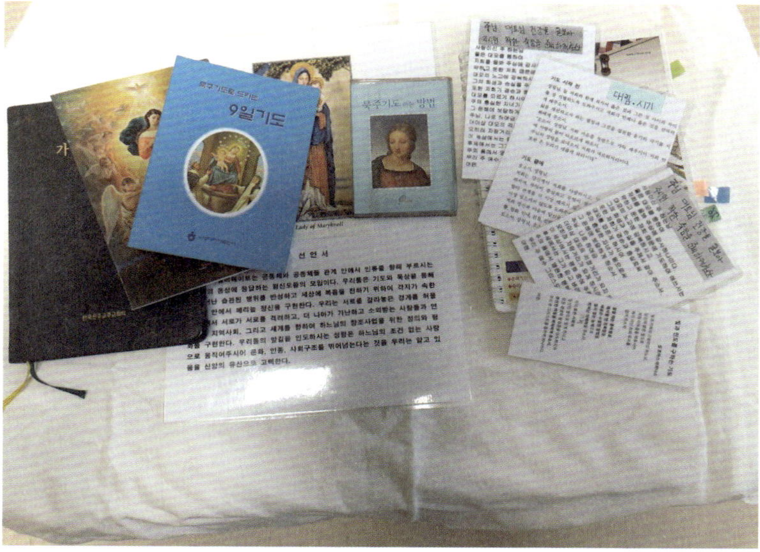

늘 함께하는 기도문

인천 방을 처분하느라 시일이 좀 걸리는 와중에 영비장 사장이 인천까지 물어물어 나를 찾아왔다. 지나가는 김에 들렀다고 하는데, 윤희에게 빌려준 돈이 있으니 행여 내가 안 올까 봐 걱정되어 온 눈치였다. 용달차에 가구를 싣고 용산 영비장에 도착하니 여관방이 작아 짐을 부려 놓을 데가 없었다. 방 두 개를 터 줄까 묻는데, 사양하고 짐을 그냥 다 내버리고 말았다. 주인이 윤희가 사 놓은 텔레비전 값은 달라고 해서 주었다.

생각해 보면 윤희는 자기 이익을 위해 나를 인천으로, 용산으로 끌고 다닌 셈이다. 때로는 욕이라도 해 주고 싶은 심정이지만, 또 윤희가 아니었다면 내 인생이 이렇게 달라질 수 없었을 것이다.

일을 시작하면서 주인은 매상 1,200만 원을 내걸었다. 그 금액을 맞춰 줘야 '반반' 조건이니 그 절반인 600만 원을 받게 되는 거였다. '언제까지'라는 조건은 없었지만, 그거야 빠르면 빠를수록 서로 좋은 것 아닌가. 1,200만 원을 하루라도 빨리 채우는 게 최대 목표였다. 석 달 동안 휴가 한번 못 가고 쉴 새 없이 일했다. 드디어 목표액을 채워 주인에게 6백만 원을 받고는 다음 날부터 신나게 놀았다. 마침 주인 집 2층이 하우스인데다, 주인 마누라가 하우스장이었다. 나름 쟁쟁한 '선수'들이 모인 하우스에서 돈을 따는 건 어려운 일이었다. 하루 따면 사흘을 잃는 식이라, 돈 떨어지면 또 일하고 놀기를 반복했다. 한창 화투에 재미 붙여 놀 때였다.

인천에서 서울로 옮기고 나서 적응은 바로 했지만, 약을 손님들이 아니라 아가씨들이 먹는 것을 보고는 좀 충격을 받았다. 서울 아가씨들이 약을 먹는 이유는 뻔했다. 손님을 끌어야 하는데 수치스러워서 맨정신으로는 못하는 것이다. 거리에서 호객을 하려면 약 기운이 필요했다. 그녀들을 보니, 상태가 대구에서 겪은 마약 손님들보다 더 나쁘면 나빴지 덜하지 않았다. 약에 취하면 환각 상태에 빠져서 자기한테 무슨 일이 일어나고 있는지 제대로 인식을 못하는 것 같다. 손님이 돈을 뺏어가도 모르고 물건을 훔쳐가도 모르고 두드려 패도 모른다. 더 기가 막힌 것은 그렇게 당해도 화낼 줄도 모른다는 것이다. 숱한 유혹에도 내가 버틸 수 있었던 것은 그런 비참한 모습들을 본 것이 예방 주사가 된 덕분이었다. 딴 건 몰라도 정말 마약은 안 해야겠다 싶었다. 그럴 생각은 정말로 들지 않았다.

막달레나의집 식구들과 떠난 필리핀 여행

용산에서 알게 된 옥자와 친구가 되었다. 옥자가 어느 날 뜬금없이 해외여행 얘기를 꺼냈다.

"사랑방에서 해외여행 가자는데, 갈래? 니, 여권 있냐?"

"여권? 있어."

가려면 회비로 50만 원을 내야 한다고 했다. 누구랑 어디에 가는 건지도 모르고, 일단 해외에 간다니까 얼른 돈을 보냈다. 일 안 하고 노는 것에는 진심이었다. 막연하게 옥자가 친구들과 가나 보다 했는데, 여행 가는 사람들이 막달레나의집에 모이기로 했다고 했다. 용산에 옥자 말고는 아는 사람도 없었고, 막달레나의집이 어떤 곳인지도 몰랐다. 옥자는 언제든지 커피 마시고 놀 수 있는 사랑방 같은 곳이라고만 했다.

가서 보니, 대부분 막달레나의집에서 지내는 사람들이었다. 그때까지도 '쉼터'라는 것을 알지 못했다. 그날, 비가 새는 허름한 집에서 국수를 얻어먹었는데 이옥정 대표를 보고는 이런저런 생각이 들었다.

'저 여자는 포주일까? 하우스장일까? 일수쟁이일까? 포주는 아닌 것 같고. 대체 뭘까? 도대체 어떤 사람인데 우리 보고 여행을 가자고 할까?'

이옥정 대표의 정체가 궁금해 죽을 지경이었다. 모인 이들 중에는 '신부님'이라 불리는 남자도 있었는데, '신부'가 뭔지도 몰랐다.

이렇게 해서 여행 모임이 시작되었다. 한 달에 한 번씩 다섯 번 모여서 여행 준비를 한다고 했다. 일 안 하고 놀 수 있다면 얼마든지 오케이였다. '내 몸 바로 알기', '해외여행에 필요한 모든 것' 등 5회차까지 프로그램이 짜여 있었는데, 알고 보니 그것이 '동료 활동가 교육'이었다. 모임의 반장을 뽑아야 한다는데, 용산에서는 새내기인 내가 어쩌다 반장을 하게 되었다. 옥자가 반장이 되는 것이 낫겠기에 사양했지만, 뜻대로 되지 않았다.

다섯 번의 모임이 진행되는 동안 에피소드가 푸짐했다. 첫 번째 프로그램은 문 수녀님이 진행했는데, 영어로 'Hello!' 하며 인사하는 법이며 출입국 카드 쓰는 요령 등을 배웠다. 출입국 카드에서 'Sex'라고 쓰인 칸을 발견하고는 이걸 대체 어떻게 써야 하나, 다들 얼마나 고민했는지 모른다.

"섹스, 야, 이거, 몇 번 했다고 적는 거냐?"

"한 달에 몇 번 했다고 하면 되는 거야?"

갑자기 장부를 꺼내서 횟수를 세는 사람도 있었다.

그다음 모임에서는 한의사가 와서 '여성의 몸'을 주제로 이야기했다. 생리 주기 등을 이야기하다 보니 그날도 또 섹스 얘기가 만발하는 바람에 한의사 선생님이 기함했다.

동료 활동가 교육 프로그램은 다 유익했지만 이옥정 대표의 역할이 절대적이었던 만큼 이 대표와의 친소 관계를 둘러싸고 신경전 아닌 신경전이 벌어지기도 했다. 그런 문제에 유난히 예민한 사람도 있기 마련이니까. 지금 생각하면 그땐 왜 그렇게 다들 심각했는지 모르겠다. 웃고 넘어갈 수도 있는 문제들이었건만.

프로그램 다섯 번을 마치고 나자 수료증을 주었다. 게다가 매번 교육 수당 명목으로 얼마씩 받았으니, 처음에 50만 원을 냈지만 사실 공짜로 가는 거나 마찬가지였다. 나중에 보니, 막달레나의집 동료 활동가 교육은 참가자들에게 교육비 일부를 지원하는 식으로 운영되는 프로그램이었다.

드디어 출발일이 되었다. 목적지는 필리핀. 7박 8일의 일정이었다. 은이 언니, 나, 숙현이, 수정이 그리고 아이들 두세 명과 선생님 두 분, 엄상미, 백재희, 이옥정 대표까지 해서 일행이 열댓 명 되었다. 현지에서 막달레나의집과 같은 시설을 방문해 교육도 받고 1박도 했다. 7박 8일 동안 웃지 못할 해프닝도 있었지만 좋은 추억 많이 만들고 무사히 귀국했다. 그때부터 막달레나의집이 어떤 곳인지 조금씩 알게 되었고, 내 인생도 서서히 달라지기 시작했다. 이 대표는 꾸준히 유익한 프로그램을 소개하고 참여를 권하고 여행과 모임 등을 주선했다. 지치지 않고 한결같이 추진하는 그 모습에, 한두 번 하고 마는 그런 곳이 아니라는 신뢰가 점점 생겨났다. 여기는 좀 오래 갈 것 같다는 믿음이랄까. 때로는 귀찮기도 했지만, 내키지 않는 프로그램도 있었지만, 참여하기 싫은 것도 있었지만, 빠지는 것이 더 싫어서 열심히 나갔다.

초기에 이 대표와 여럿이서 강원도로 처음 여행을 떠난 적이 있다. 그냥 놀러 쉬러 가는 것이 아니었고 이 대표에게는 나름 목적이 분명했다. '일'이라면 넌덜머리를 내는 우리를 하루라도 '일'에서 해방시켜 주는 것이 하나, 그렇게 생긴 여유 시간을 좀 다르게 채워 보게 해 주는 것이 또 하나였다. 보통 사람들의 삶에 좀 더 가까이 다가가 보도록 하려는 뜻이었을 것이다. 주말이나 휴가에 여행 다니는 보통 사람들과 달리 우리는 그렇게 못 살았다는 것을 잘 아니까.

콘도를 예약하고 승합차를 타고 가는 여행길은 신나고도 즐거웠다. 단, 차가 고장나기 전까지는! 도로에 퍼진 차를 처리하기 위해 견인차를 불러 놓고는 이제 콘도까지 이동할 일을 걱정해야 했다. 누구의 아이디어였는지 기억나지 않지만, 그보다 더 좋은 방법은 없었다. 묘수 중의 묘수. '머리카락 보일라' 숨바꼭질하듯이 머리를 숙인 채 승합차와 함께 견인차 신세를 짐으로써 해결했다. 고생이라면 고생이었지만 그런 재밌는 추억을 또 어디서 누구와 만들 수 있겠는가. 같이 떠나는 여행의 횟수가 늘어나면서 추억도 그만큼 쌓여갔다. 그만큼 세상을 보는 눈도, 사람을 보는 눈도 넓어지고 깊어졌다.

'카드깡'과 무서운 조폭들

그 무렵 건강보험(당시 의료보험) 때문에 골치 아픈 일이 있었다. 인천에서 용산으로 오면서 깜빡 잊고 주소를 안 옮겼더니 고지서를 못 받아 장기 연체가 되어 건강보험 자격이 상실되었다. 주소를 영비장으로 옮기자니, 만약 동생이 찾아왔을 때 윤락가의 여관이면 이상하게 생각할 것 같아 망설여졌다. 막달레나의집으로 옮기라고 권하는 언니가 있었는데, 당시 막달레나의집을 시기하거나 이상하게 보던 포주들은 부정적으로 이야기하며 말렸다. 결국 영비장 주인이 보광동의 자기 집으로 옮기도록 해 주었고, 밀린 보험료 50~60만 원도 10만 원만 내면 되게끔 손을 써 주었다. 주인이 전에 용산에서 방범대장 노릇을 했다던데 그 덕을 본 것 같았다. 주인은 동네에서 평판이 좋지 않았지만 나한테는 잘해 주었다,

그러다가 드디어 '독장사' 자리가 나서 영업을 시작했다. '독장사'

자리에는 일종의 텃세가 있어서 용산에 있던 사람들만 할 수 있었다. 할 수 없이 '장미'라는 친구가 하는 것처럼 꾸며서 독장사를 시작하니 영업을 내 마음대로 할 수 있어 시간 여유가 생겼다. 세상이 달라져 카드 결제가 보편화되면서 집창촌에서도 카드 결제가 가능해졌다. 단, 정식으로 영업 허가를 받을 수 없으니 속칭 '카드깡'으로 해결하는 식이다. 동네 조폭이 쌀집 등으로 '깡' 업체를 만들어 놓으면 아가씨들이 손님한테 받은 카드를 들고 가서 긁는데, 화대가 10만 원이라면 카드로 10만 원을 긁고 아가씨가 7만 원을 받았다.

일이 꼬이려고 그랬는지, 손님 중에 도난 카드를 갖고 와서 결제한 사람이 있었다. 나중에 문제가 되자 조폭이 난리를 쳤다. '깡' 업체 만드느라 돈 몇 백이 들었는데, 내가 도난 카드를 갖고 온 바람에 영업이 취소되게 생겼다며 그 돈을 물어내라고 했다. 도난 카드인지 아닌지 나로서는 알 수 없는 일이고, 그동안 자기도 수수료를 30%나 떼어 갔으면서 나한테 일방적으로 뒤집어씌우는 것은 말도 안 되는 일이었다. 지지 않고 따지고 든 것이 조폭의 심사를 건드렸던가 보다. 눈에 띄면 때려죽인다고 벼르고 있다는 얘기를 들었다. 조폭한테 맞아죽지 않으려면 일단 눈에 안 띄어야 하니 그때부터 일도 못 하고 몇 달을 숨어 지내며 담배와 술로 시간을 보냈다. 어렵게 끊었던 담배를 다시 피우게 된 것이 그때부터다. 도난 카드 갖고 왔던 놈과 나중에 합의가 이루어져서 겨우 해결이 되기는 했다.

가족 부양에 청춘을 바쳤건만

때마침 집의 복잡한 형편도 어느 정도 정리되어 가고 있었다. 아버지는 돌아가셨고, 남동생은 장가가서 자리잡았고, 여동생도 다 컸기에 예전처럼 생활비를 많이 보내지 않아도 되었다. 빚도 어느 정도 갚은 상태였다. 상황이 조금 느슨해지니까 다시 염증이 물밀듯이 몰려왔다. 내 나이, 이미 40대 중반이었다. 갑자기 허탈해졌다고 할까, 무기력해졌다고 할까. 날 팽팽히 붙들고 있던 줄이 확 끊어진 느낌이었다.

'이제 무엇을 해야 하나? 어떻게 살아야 하나? 이 일 말고 어떤 일을 할 수 있을까?'

남자 만나서 결혼하겠다는 생각은 꿈도 꿔 본 적 없었다. 돈 벌어서 집이든 가게든 장만해야겠다는 생각도 못해 봤다. 그럼 직장 생활은 가능할까? 일반 사회와 단절된 채로 산 것이 벌써 몇십 년이었다. 게

다가 과거가 들통나지 않도록 늘 신경 써야 하고, 말실수하지 않으려면 반벙어리처럼 살아야 할 텐데, 그럴 자신도 없었다. 바깥세상이 겁나고 두려웠다. 매일 저녁 술 마시고 노름하며 세월을 보냈다. 그러다 돈 떨어지면 또 일해서 돈 벌고…. 미래도 없고 목적도 없는 삶, 그것이 내 삶이었다. 내 인생은 여기서 끝나나 보다 싶어 허무하기 그지없었다. 수십 년 '처녀 가장'으로 희생하며 집안을 살리고 나니, 뒤늦게 '멘붕'이 왔던 것 같다.

왜 나는 그렇게 오랫동안 가족을 부양해야 했을까. 아버지 사업 채무를 다 떠안은 데다 병원비까지 마련해야 했으니 도리가 없었다. 엄마가 잠시 보험 영업을 하기도 했지만 큰 보탬이 되지 못했다. 남동생이 제대하고 취직했지만, 월급으로는 빚 갚으면서 생활을 꾸려가기도 빠듯했다. 또 교통사고로 몇 개월간 입원한 적도 있었고, 장가갈 때 전셋집도 마련해 줘야 했다. 여동생을 도와줘야 할 일도 있었다. 결혼해서 애 둘 키우고 살다가 전세 사기를 당하는 바람에 보증금도 못 받고 쫓겨날 상황이 됐다. 당장 대출받아 급하게 집을 사야 하는데 그냥 두고 볼 수 없었다.

어떤 이들은 그렇게까지 가족들을 계속 지원할 필요가 있었냐고 묻겠지만, 나로서는 그곳에서 일하는 동안 일종의 명분이 필요했던 것 같다. 가족들을 위해 일하는 것이기에 그래도 떳떳하다는 자기 위안이었는지도 모르겠다. 또는 스스로 다른 아가씨들과 다르다고 여기는 마음의 발로였는지도…. 실제로 늘 당당하고자 애썼고, 정신 차려야 한다고, 깨어 있어야 한다고 스스로 다그치곤 했다.

그런데 그게 과연 진실일까. 사실은 다른 걸 시도해 볼 엄두도 못 내면서 그 명분 하나 끌어안고 버텼던 것인지 모른다. 되돌아보면, 나더러 그렇게 하라고 등 떠민 사람, 아무도 없었다. 그게 과연 최선이었냐고, 그 방법밖에 없었느냐고 누가 묻는다면 과연 뭐라고 답할 수 있을까. 다만 한 가지 확실한 건, 내가 희생하지 않았더라면 다른 가족 누군가가 그 짐을 짊어져야 했을 거라는 점이다. 아니면, 고통을 모두가 나눠서 감당하거나….

내가 희생했다고 생색을 낼 생각은 없지만, 그것이 당연한 일로 여겨진다거나 했다면 많이 서운했을 것 같다. 남동생이 제대할 무렵의 일이다. 매달 큰돈을 집으로 보내니 동생이 어디서 무슨 일을 하는 거냐고 물어왔다. 의상실에서 일한다는 말에 동생은 더 캐묻지 않았다. 당시 우리 사회 임금 수준에 비춰 보면 터무니없는 이야기였는데, 가족들 모두 힘든 시기였기에 그냥 지나간 것 같다. 그 후로 남동생은 내가 매달 보내는 큰돈의 출처에 대해 한 번도 묻지 않았다. 아니, 오히려 언제부턴가 나를 걱정거리로 여기는 것 같았다.

"누나야, 이제 누나, 니만 잘 하면 되는데. 누나 고생한 건 아는데. 이제 니 아니면 우리집에 걱정이 없다. 니 단도리를 해서, 뭐 시집을 가든지 해야 안 되겠나?"

내가 염려되어 한 말이겠지만 허망하고 쓸쓸했다. 이미 나이는 들어버렸고, 모아놓은 돈도 없고, 살아야 하는 이유도 없고…. 죽을 생각도 여러 번 했었다.

드디어 용산을 뜨다

그러던 차에 2004년 성매매특별법이 생겼다. 좀 있으면 용산 집결지가 철거된다고, 다들 떠나야 한다고 했다. 갑자기 정신이 번쩍 들었다. 다들 영등포로 가네, 청량리로 가네, 지방으로 가네 하며 정신이 없었다. 그럼 난?

어디로 갈지 막막하던 차에 이옥정 대표가 막달레나의집에 와서 음식을 해 보라고 했다. 음식 만드는 일 자체야 어렵지 않겠지만, 막달레나의집 직원이 되는 것인데…. 새로운 일, 새로운 삶에 도전하는 것인데…. 이옥정 대표의 제안이 눈물 나게 고마우면서도 쉽게 마음을 정할 수 없었다. 내가 과연 할 수 있을까…. 나로서는 '눈 딱 감고 저지른다' 싶을 정도의 용기가 필요한 일이었다. 무수한 고민 끝에 막달레나의집에 생활 관리사로 합류했다. 그나마 낯선 곳이 아니고 알던 곳이라 용기를 낼 수 있었다.

돌이켜보면, 이 일은 내 삶의 항로를 완전히 바꾸어놓은 일생일대의 사건이었다. 그간의 삶을 정리하고 새롭게 출발하는 계기이자, 바닥까지 추락했던 자존감을 회복하는 계기가 되었다. 지금도 잊히지 않는 특별한 순간들이 있다. 특히 내 이름 석 자가 선명히 새겨진 명함을 처음 받던 날을 어찌 잊을 수 있을까. 연분홍빛 고운 명함을 보는데 가슴 언저리가 아려오면서 눈물이 핑 돌았다. '내가 정말 잘할 수 있을까' 불안감이 가시지 않은 상태였지만 감격과 흥분에 가슴이 벅차올라 눈물을 멈출 수 없었다. 그 명함은 새로운 삶, 새로운 출발을 상징하는 것이기에, 막달레나의집을 떠난 후에도 내내 소중히 간직해 왔다. 15년이 흘렀지만 지금도 내 화장대 앞에 꽂아 놓고 한 번씩 보면서 추억을 되새기고 마음을 다잡는다.

첫 월급을 받던 날의 기억도 여전히 생생하다. 난생처음 월급명세서를 받아들고는 왠지 부끄러워 그 자리에선 펼쳐 보지 못했다. 동료들에게는 담담한 척, '쿨'한 척하고, 집에 와서 혼자 꺼내서 보고 또 보곤 했다. 여기서 받은 월급이 진짜 제대로 일해서 번 첫 월급이다 싶어서, 첫 월급으로 부모님께 내복을 사 드리고 싶었던 오랜 꿈도 이루었다. 막달레나의집이 내게 준 명함과 월급 명세서야말로 그토록 꿈꿔 왔던 '평범한 사회인'의 징표였다.

매일 출근 준비하며 설렜고, 일하는 것도 즐거웠지만, 문득문득 혼자 가슴 졸이게 되는 순간들이 있었다. 막달레나의집 선생님들과 식구들은 나에 대해 알지 못하는 상태였다. '아닌 척'하고 있자니 난감하고 괜히 스스로 떳떳지 못하게 여겨져서, 적당한 기회가 왔을 때 말해 버렸다.

그 후로 조금 편해지긴 했지만, 또 다른 문제가 남아 있었다. 회의나 워크숍이 열릴 때면 다들 열심히 의견도 내고 토론도 하는데 나는 아는 것도 없었고 할 말도 없었다. 물 위에 뜬 기름처럼 느껴졌다. 그렇다고, 공부하며 따라가 볼 엄두도 나지 않았다. 이옥정 대표는 지금부터라도 보고 배우라며 모임마다 데리고 다녔지만, 공부를 손 놓은 지 수십 년인데 말처럼 쉬운 일이 아니었다. 그러고 퇴근해서 와서는 "아이고! 하루 일하면 벌 돈을 한 달 내내 부엌데기 하며 밥해 주고 설거지하면서 버냐?" 하면서 스스로 한심해했다. 스트레스도 많고, 고민도 많았다.

용산을 빨리 떠나고 싶어졌다. 머잖아 재개발 보상금 격으로 이주비가 나온다기에 독장사하던 곳에서 영업은 안 해도 계속 살고 있었지만, 그럴 일이 아니었다. 많이 받은 사람은 1,500만 원도 받았다면서 다들 기대가 큰 눈치였다. 하지만 몇 푼 더 받겠다고 거기서 버티고 있기는 싫었다. 어쨌든 임대아파트에 들어갈 수 있는 자격은 주어진다기에 당장 나가겠다고 했다. 동네 사람들은 '하루만 하면 한 달 월급 버는 일을 때려치우고 막달레나의집 주방에서 설거지하더니, 이번에는 또 보상을 포기하네?' 하며 수군댔을 게 뻔하다. 남들이 뭐라고 하거나 말거나 임대아파트 중에서 월세가 가장 저렴한 곳을 찾아 ○○동으로 이사했다.

세상 속으로!
내 힘으로 이룬 취업과 독립

결국 막달레나의집을 그만뒀다. 이제 정말 내 힘으로 일자리를 구해야 했다. 제대로 된 경력도 없고 적극적으로 뛰어다니며 알아보지도 않았으니 취업이 될 리가 없었다. 그때 마침 용산에 포장마차촌이 생겼고, 나와서 일해 달라는 연락을 받았다. 일당도 높았고, 주인과 아는 사이라 일하기에 편했다. 그 집이 문 닫을 때까지 일했고 용산 포장마차촌이 없어질 때까지 마지막 집에서도 일했다. 나는 무엇이든 한 번 시작하면 끝장을 보는, 어디든 한 번 들어가면 나올 줄 모르는 그런 기질이 있다. 남들 눈에는 끈기 있고 지조 있는 모습으로 비칠지 모르지만, 솔직히 고백하건대 미련한 탓이다. 경상도 말로 표현하면 '맹재구'쯤 되겠다.

포장마차촌이 없어진 후 다시 백수가 되었다. 보상금을 안 받고 왔으니 수중에 돈은 없는데, 어디 가서 무슨 일을 한단 말인가. 일을 한

문예현 수녀님이 주신 집들이 선물

다 해도 과거를 속여야 한다고 생각하니 너무 두려웠다. 스스로 이런 저런 핑계를 대며 시간만 끌었다. 계속 미루다 보니 어느새 2년이 훌쩍 가 버렸다.

더 이상 놀고먹을 형편이 아니었다. 파출 사무실에 전화해 보라는 정보를 듣고 한 군데 골라서 연락해 봤다. 전화를 걸면서도 파출 사무실이 어떤 곳인지도 몰랐다. 다짜고짜 보건증이 있냐고 묻는데, 순간적으로 업소의 그 보건증을 말하는 줄 알고 화들짝 놀랐다. 내 뒷조사를 한 것도 아닐 텐데 왜 묻나 싶어 가슴이 두근거렸다. 말하는 것을 들어 보니 위생 관련 보건증이었다. 마음을 진정하고 용기 내어 보건소에 가서 엑스레이 찍고 보건증을 받았다. 다시 사무실에 연락했더니 식당에서 설거지하는 일자리를 추천했다. 용산 바닥을 벗어나서 일해 본 적 없는 내가 과연 할 수 있을까 싶어 용기가 안 났다. 결국 포기했고, 스스로 포기하면서 더 의기소침해졌던 것 같다. 6개월을 또 백수로 지내다 나중에는 카드 돌려막기까지 하는 처지가 되었다.

경제적으로 한계에 다다르자 더 이상 버틸 수 없어 다시 파출 사무실에서 소개해 준 식당을 찾아갔다. 하필이면 첫눈이 그림처럼 펑펑 내리던 날이었다. 가 보니, 식기 세척기를 써 봤냐고 묻기에 안 써 봤다고 하니 한숨을 푹 쉬었다. 겨울이라 내복을 입고 있었는데, 주방이 그렇게 더운 곳인 줄 몰랐다. 땀이 비 오듯 흘렀다. 원래는 사흘 부르려고 했다던데, 내일 또 오라는 소리를 안 했다. 요령 없는 생초짜이니 그럴 만도 했다.

다음날에는 사무실에서 말하길, ○○백화점 식당에 자리가 있다고 했다. 자신이 없다고 했더니, 여기는 7~8명씩 일하는 곳이니까 괜찮다고 했다. 다시 용기를 냈다. 전철 환승을 모르던 때라 집에서 ○○ 백화점까지 가는 길은 고생스럽기만 했다. 쭈뼛쭈뼛 인사하고 일을 시작했다. 전날 식기 세척기를 써 본 경험이 도움은 되었지만, 점심시간이 되자 우르르 쏟아지는 그릇들을 감당하기 힘들었다. 숨 한 번 제대로 못 쉬고, 허리 한 번 제대로 못 펴고 온종일 설거지에 매달렸다. 담배 생각이 굴뚝 같았지만, 꾹 참는 수밖에 없었다.

어쨌든 고된 하루를 끝냈더니, 내일 또 오라면서 내일은 '반타임' 하면 된다고 했다. 한타임은 아침 9시부터 밤 9시까지 12시간 일하면서 중간에 1시간 쉬는 것이고, 반타임은 11시부터 쉬지 않고 5시까지 일하는 거다. 그건 할 수 있겠다 싶었다. 담배도 6시간만 참으면 되니까.

그렇게 며칠을 더 일하자 주방장이 풀타임을 권했다. 고민스러웠지만 다른 데 갈 용기도 없고 어차피 안면도 텄으니 힘들어도 그러기로 했다. 풀타임은 곧 '하드타임'이었다. 일이 너무 많고 정신없이 바빠서 담배 생각도 나지 않았다.

식당에서는 이제 아예 정식 직원으로 일해 보라고 권하기 시작했다. 자신이 없어서 계속 사양했더니, 설거지 말고 비빔밥 메뉴를 담당하도록 했다. 확실히 일이 좀 편해졌고 분위기에도 어느 정도 적응되었다. 어쨌든 '필요한 사람'으로 인정받는 기분이 나쁘지 않았다.

적당한 기회에 담배도 커밍아웃해서 편히 피울 수 있게 되었다. 이때 사람들이 "이모 담배 안 피우는 줄 알았어요"라며 깜짝 놀랐는데,

그렇게 놀라는 모습이 위안이 되었다면 우스운 얘기일까. 내가 그런 곳에 있었다는 생각을 전혀 못 하는 것 같았다. 그렇다면 여기서는 계속 일할 수 있겠다 싶어서, 계속되는 권유에 몇 달을 버티다 정식 직원이 되었다. 그전까지 고정 알바로 일했던 4개월간 걱정과 불안으로 얼마나 괴로웠는지 모른다. 혹시라도 예전 삶이 드러날까 봐 조심하느라 긴장을 늦출 수 없었다.

'말이나 행동을 잘못 해서 나쁜 평가를 받으면 어떡하지? 여기서 끝까지 다닐 수 있을까? 버텨낼 수 있을까? 이 사람들이 나를 알아보면 어떡하지?'

혹시라도 누가 눈치채면 다음날부터 안 나가면 된다는 배짱으로 하루하루 밀고 나갔던 것 같다.

여기서 일한 지 벌써 6년이 되었고, 이제는 내가 직원 중에서 최고참이다. 지금은 이곳이 내 인생의 마지막 직장이라고 생각한다. 혹시라도 이곳이 문 닫는다면? 다른 직장에 들어가 처음부터 다시 시작할 용기가 나지 않는다. 그러니 그냥 기초 생활 수급자로 살 생각이다. 나이와 재산 기준도 맞고 자식도 없어서 자격 요건이 되는 것으로 알고 있다. 여기서 일하면서, 비로소 일할 수 있는 게 행복이라는 것을 처음 느껴 봤다. 그러니 심신이 허락하는 한, 일할 수 있을 때까지 최대한 일하면서 이 행복을 누리고프다.

내 인생을 바꿔 준 막달레나의집

한 번씩 생각해 볼 때가 있다. 용산 철거를 앞두고 어디로 가야 할지 막막할 때, 그때 이옥정 대표가 막달레나의집으로 이끌어 주지 않았더라면 어떻게 됐을까. 아마 다들 그랬듯이 다른 곳으로 옮겨 가서, '살던 대로' 계속 살았을 것이다.

그런 의미에서 이옥정 대표는 내가 새 삶을 살도록 해 준 사람이다. 나를 새롭게 태어나게 해 준 사람이다. 내가 사회에서 당당하게 살아갈 수 있도록 이끌어 준 사람이다. 눈물 나도록 고마운 사람이다. '너는 할 수 있다'면서 믿어 주며 항상 칭찬하고 응원해 준 사람이다. 좀 더 노력해 보라고 다그칠 때는 살짝 밉기도 했지만, 그런 기대에 부응하지 못한 것이 속상할 따름이다. 아무래도 내가 대졸자라는 것 때문에 더 기대했던 게 아닌가 생각한다. 막달레나의집에서 그 얘기를 하게 된 것은 구술 작업 당시 같은 사학 재단의 ○○여고를 졸업한 언니를 만난 것이 계기가 되었다.

사회에서 당당하게 살아가려면 다들 알고 있고, 하고 있는 것들을 함께할 수 있어야 한다. 나이에 맞게 사회화가 적절하게 이루어져야 한다는 뜻이다. 그런 면에서 본다면, 나를 포함해 집결지 아가씨들은 10대, 20대부터 집결지에 모여 살며 그런 기회와 담쌓고 사는 바람에 사회화가 제대로 이루어지지 못했다.

평범한 사람들의 일상과 거리가 멀었다. 특히 내가 세상 물정에 어두웠는지 모르지만, 난 임대 주택이 뭔지 몰랐고, 전철 요금이 얼마인지 몰랐고, 전철 환승도 해 본 적 없었고, 예술의전당이나 세종문화회관에도 가 본 적이 없었다. 그만큼 세상을 모르고 살았다. 세상을 보는 시야도 그만큼 좁았을 것이다. 그 틀을 깨 준 것이 막달레나의집이다.

언제였나, 막달레나의집 식구들과 함께 뮤지컬 공연과 교향악단 연주를 보러 갔다. 난생처음 가보는 공연과 연주회. 괜히 긴장되어 정장을 차려입고 갔는데, 다들 편한 옷차림인 것을 보고는 혼자 머쓱했더랬다. 만약 누가 신발 벗고 들어가는 거라고 진지하게 말했으면 진짜 그렇게 했을지도 모른다. 막달레나의집이 아니었으면 돈 주고 표 사서 공연이며 연주회에 가는 것도 못 해 봤을 것이고, 청첩장 받고 결혼식에 가는 일도 평생 없었을 것이다. "나, 칠순 잔치 가야 해!" 이런 말도 평생 할 일이 없었을 것이다. 사회생활이 뭐 별건가. 남들 다 하고 사는 것을 이렇게 뒤늦게라도 할 수 있게 해준 막달레나의집, 정말 고맙고, 감사하다.

막달레나의집 식구들과 함께했던 것들 가운데 '판도라 사진 프로젝트'라는 이름으로 진행된 사진 치유 프로그램은 특히나 색다른 경험이었다. 우리의 눈물과 한숨과 탄식이 어린 곳, 사라져가는 용산 집결지의 이모저모를 카메라에 담아 보자는 취지의 프로그램이었고, 참여자들은 각자 찍어 온 사진들을 함께 보며 '용산'과 자기 삶에 관해 이야기를 나누었다. '판도라 사진 프로젝트'의 결실로 탄생한 사진들 중에는 제법 괜찮은 작품도 적지 않았다. 사실, 애초부터 예술 작품을 찍겠다는 마음이 아니었기에 가벼운 마음으로 재미 삼아 부담 없이 찍을 수 있었다.

그런데 갑자기 일이 커져 버렸다. 우리끼리만 공유하는 사진, 우리만 보고 마는 사진일 줄 알았는데, 미국의 대학들에서 전시회를 열고 싶다고 초청해 온 것이다. 이 소식만으로도 어안이 벙벙할 지경인데, '판도라 모임'에서도 한 사람이 같이 가는 것이라 했다. 모두 모임의 대표인 나를 지목했다. 처음에는 '설마 미국에 가겠어?' 하며 반신반의했는데 정말로 가게 되니 너무나 설레고 떨렸다.

드디어 막달레나의집 선생님들과 이옥정 대표와 함께 태평양을 건넜다. 2009년 9월부터 2011년 1월까지 웰즐리대학교, 뉴욕대학교, 피츠버그대학교, 컬럼비아대학교를 거쳐 나중에는 홍콩대학교까지 가서 전시회를 열었다. 판도라 모임 사진작가들을 대표하는 위치였기에 관람객들에게 사진들의 의미와 배경을 설명하는 것이 내게 주어진 역할이었다. 한국에서도 해보지 못한 일을 미국에서 하다니! 지금 생각해도 그 모든 일을 어떻게 해냈는지 놀랍기만 하다. 하지만 난 분명히 해냈다. 그것도 제법, 잘! 두말할 것도 없이, 막달레나의집과 함께 고민하고 꿈꾸며 성장해 온 결과이리라.

막달레나의집은 이것 말고도 특별한 경험들을 내게 선물해 주었다. 그중 하나가 이옥정 대표의 권유로 지영이(제시카)의 대모가 된 것이다. 나의 신앙심도 키워 주고 지영이도 외롭지 않게 해 주려는 뜻이었을 텐데, 대모가 되니 내가 대모에게 받은 것들이 생각나면서 지영이에게 뭔가 해 주고 싶어졌다. 지영이에게 필요한 것이 무엇일지 살피게 되고, 챙겨 주고 싶어졌다. 누군가에게 도움이 되고 싶은 마음, 이것도 막달레나의집이 만들어 준 변화다.

또 있다. 매달 막달레나의집 행사나 후원 미사가 있을 때 식사 준비를 돕는 것이 자원봉사 활동으로 처리되어 후원금 영수증이 나온다. 이를 알게 된 직원들이 봉사 활동도 하냐면서 묻는데, 표정들을 보니 적잖이 놀란 눈치였다. 내가 봉사 활동 할 것처럼 안 보이나 싶어 웃고 말았지만, 다들 속으로 대단하다고 생각한 모양이다. 직원들이 적어도 나를 함부로 대하지는 못할 것 같은, 최소한 여기서만큼은 큰소리치고 일할 수 있을 것 같은 자신감이 든다. 내게 그런 기회를 준 것도 막달레나의집이다. 덕분에 과거를 털어내고 사회에 적응해 갈 수 있는 용기를 조금씩 내는 중이다.

'찐(眞) 가족'

집창촌에서 만난 동료들과 서로 돕고 힘이 되는 순간도 있었지만 의미 있는 인간관계를 맺는 데는 성공하지 못했다. 집창촌에 오래 있었고 어디 가든 나름 잘 어울렸다고 생각했는데, 거기서 만난 아가씨들과 '인생의 친구'가 되는 것은 또 다른 영역의 문제였다. 한때는 그것이 가능하리라 여겼지만 그런 기대를 접은지 오래되었다. 내 안에도 모순된 두 마음이 같이 있었다는 것이 차라리 솔직한 고백이리라. 친구가 되고 싶은 마음…, 또 그것이 두려운 마음…. 그들과 함께한다는 것 자체가 내 치부를 다 밖으로 드러내보이는 것만 같아서다.

함께 있을 때 그때뿐이고 그곳을 떠나면 그걸로 끝이었다. 인천에서도, 용산에서도 마찬가지다. 인간관계가 오래 가지 않으니, 오래도록 교류하는 친구도 모임도 기대할 수 없다. 어찌 보면 어려서부터 불우한 환경에서 자란 경우가 많아서 그 영향 탓일 수도 있으리라. 어쨌든 안타까운 일이다.

그런데 그토록 갈망했던 '친구'가 이제는 내 옆에 있다. 그것도 한 둘이 아니고 여럿이다! '진짜 친구'가 생기니 인생이 즐거워지는 기적이 일어났다. 이 모든 것이 막달레나의집과 이옥정 대표를 만나고 나서 일어난 변화다.

하지만 사회적으로는 여전히 고립되어 있어서, 막달레나의집 식구들 외에는 만날 친구도, 지인도 없다. 물론 가족들과는 연락하며 살고 있다. 어머니는 현재 치매 상태이지만, 남동생과 여동생은 둘 다 순탄하게 잘 살고 있다. 그 외에는 내 일상의 희로애락을 나눌 가까운 벗들이 전혀 없는 상태다. 학교 친구들은 연락 끊긴 지 오래고, 지금 사는 아파트로 이사 온 지 16년 차인데 이웃들과도 거의 소통하지 않는다. 기초 생활 수급자가 많이 사는 임대아파트의 특성상 일하지 않는 사람이 많다 보니 생활 주기가 다른 경우가 많고, 마음 통하는 이웃을 아직 만나지 못했다.

막달레나의집에 근무할 때 소개받아 커플이 된 남자친구가 있긴 하다. 힘들고 외로울 때 의지할 수 있는 사람이다. 그 사람이 부친상을 당했을 때 막달레나의집 식구들도 모두 조문을 갔을 정도로 두루 편하게 지낸다. 한집에 같이 살지 않더라도 지금 이대로, 충분히, 좋다.

나뿐만 아니라 막달레나의집 식구들 거의 다 비슷한 처지일 것이다. 노년기의 영혼을 좀먹는 외로움, 그 외로움을 달랠 곳이 막달레나의집뿐이다. 막달레나의집에 오면 서로 형편을 알고 말이 통하여 마음이 편하니, 매달 죽기 살기로 오게 된다.

물론 처음부터 다들 마음이 맞았던 건 아니다. 때로는 어울리고 싶지 않지만 어쩔 수 없이 그래야 하기도 했다. 보고 싶지 않지만 봐야 하는 사람들이었다고 할까. 그런 관계를 바꿔 놓은 건 바로 세월이다. 쌓이고 쌓인 정이 우리를 '찐(眞) 가족'으로 만들어 놓았다. 이제는 서로가 서로에게 소중한 사람이자 그리운 사람이다. 연민의 마음이 반이라면, 의지하는 마음이 반이다. 건방지게 들릴지 모르지만 서로 '아픈 손가락'들이 된 거다. 앞으로도 막달레나의집 식구들과 오래도록 만나고 교류하며 살고 싶다. 건강이 허락하는 한 오래오래 일해서 내가 밥이라도 한 번 더 살 수 있게 된다면 좋겠다.

자서전을 쓴다는 것은

내 삶을 몇 단계로 나눠 본다면 유년 시절, 막달레나의집을 알기 전까지, 막달레나의집을 알고 난 후, 이렇게 세 단계로 나눠 볼 수 있겠다. 그만큼 내 인생에서 막달레나의집 전과 후의 차이가 크다는 것인데, 일상의 활동은 물론이고 앞으로의 계획 그리고 인간관계에 이르기까지 모든 면에서 극적인 변화가 일어났기 때문이다. 또, 막달레나의집을 만난 후의 기간에서도 또 단계를 나눠 볼 만한 지점이 있다. 간략한 자서전을 펴내고 북토크 행사를 하고 나자 미처 헤아리지 못했던 것들에도 생각이 미치기 시작했다.

미처 몰랐던 것인데, 자서전을 냈다는 것은 자서전을 낸 작가가 되었다는 뜻이었다. 우리의 그런 행보를 응원해 주는 분들이 있었다. 애썼다고, 잘했다고, 용기가 가상하다고, 토닥토닥 등 두드려 주는 분들이 있었다. 조촐하게 치러진 북토크에서 우릴 격려하러 찾아준 그분들을 앞에 놓고 우리는 서럽게 울기도 했고, 그런 자리에 앉아 있는 것이 실감나지 않아 괜시리 어색해하기도 했다. 한 가지 확실한 건, 뭔가 대단한 일을 해낸 것 같은 느낌이 들었다는 것, 그래서 그동안 주눅들어 살아왔지만 이제는 좀 어깨 펴고 살아도 될 것 같은 당당함을 느꼈다는 것이다. 그렇게 우리 셋 다 당당한 인간이 되어 있었다. 나 포함해서 자서전 주인공 세 명은 그때부터 각자 자기 삶의 주인공으로 자리를 찾아가기 시작했다.

이 대목에서 고백하지 않을 수 없는 것이, 함께해 온 동료들을 그동안은 속으로 좀 무시했노라는 것이다. 나는 너희와 다르다는 생각, 그것이 그동안 나를 지탱해 준 마지막 자존심이었는지 모르지만, 어느새 그런 마음이 싹 사라져 버린 상태였다. 다들 험난한 인생의 파도를 헤쳐 온 대단한 사람들이었고, 나한테 무시당해도 될 그런 사람들이 아니었다. 나라는 사람, 왜 그렇게 건방졌는지 모르겠다. 겉으로는 아닌 척하고 속으로는 그런 마음을 품고 있었으니 눈 밝은 사람이었으면 진작에 알아챘으리라. 뒤늦게나마 진심으로 용서를 구하고 싶다. 이제부터 나의 언행은 표리가 동일한 본심 자체임을 만천하에 밝히고 싶다.

모두 진심으로 잘해 주고 싶은 내 '인생의 친구들'이다. 나를 여기까지 이끌고 와 준 이옥정 대표가 첫 번째로 꼽히는 것은 물론이다. 덕분에 우리들 만남의 자리도 예전보다 한층 화기애애해졌다. 각자 아픔이 있다 보니 그전에는 술자리의 끝이 안 좋을 때가 많았는데, 이제는 서로 응원해 주고 힘을 실어 주는 얘기가 주로 오간다. 확실히 전에 없던 변화다.

또한 막달레나의집으로 인해 생겨난 가장 큰 변화는 이제는 정말 떳떳하게 살고 있다는 것이다. 우리 사회에 나 같은 처지의 사람이 한둘이 아닌데, 그들에게 도움이 될 수만 있다면, 그럴 수 있는 길이 있다면 기꺼이 힘을 보태고 싶다. 한가지 더. 일제 강점기에 일본군의 성노예로 고통받은 일본군'위안부'들을 생각해 보게 되었다. 그녀들은 얼마나 힘들었을까. 민족적 자존심이 짓밟힌 상태에서, 금전적 보상을 받는 것도 아니었고, 보호해 주는 이들도 없이 외롭게 버텨야 했을 것 아닌가. 말못할 사정이 얼마나 많았을까 싶어 너무나 속상하고 안타깝다. 나, 이제야 사람이 되어 가는 것인가. 그러니 진짜 내 인생이 시작된 것은 막달레나의집을 만나고 나서부터라고 말할 수 있다.

에필로그

바쁜 시간 지나고 식당을 빠져나와 흡연실로 향한다. 몇 분 안 되는 이 시간에 짧지만 강렬한 휴식이 이루어지는데, 한 모금 깊이 빨아들였다가 내뱉을 때의 이완감은 비할 데가 없다. 한 대를 다 태우고 다시 식당으로 발걸음을 재촉한다.

오늘은 새로 온 사람이 있어 신경이 쓰인다. 식당은 일이 고되어 사람이 자주 바뀌는 편인데, 사람이 새로 올 때마다 나 혼자 남몰래 홍역을 앓는다. 낯선 사람과 관계를 만들어 가는 것이 나로서는 난제 중의 난제다. 그렇다 보니 사람들 눈에는 차갑고 냉정한 사람으로 보이는 모양이다. 쌀쌀맞아 보여서 말 걸기 힘들었다는 얘기를 나중에 많이 듣곤 했다. 알고 보니 겉보기와 많이 다르더라는 얘기도….

지금 이 직장, 그 너머 바깥 세계에 대해서는 여전히 두려움을 느낀다. 조금씩 진전이 있긴 하지만, 지금 있는 곳에서 한 발자국 더 나아

제주도 여행

가기 위해서는, 그런 도약을 해내기 위해서는 도움닫기를 한참 해야 한다. 그래도 한 가지 자신 있게 말할 수 있는 것은, 이제는 어딘가에 뿌리내리고 살 자신이 생겼다는 것이다. 이제는 어떤 일이 있어도 견디면서 즐겁게 웃으며 살 수 있을 것 같다. '혹시 누가 눈치채지 않았을까?' '사람들과 편하게 이야기하고 대화할 수 있을까?' 그런 두려움 없이 하루하루를 보낼 수 있다는 것이 얼마나 큰 행복인지 모른다.

그래서 나는 지금의 내가 참 마음에 든다.

내 인생,
고통스럽기는
했지만
외롭지는 않아

홍글라라

프롤로그

여기는 남해안을 끼고 있는 항구 도시의 고층 아파트. 거실에 서면 저 멀리 푸른 하늘과 청색의 바다가 펼쳐지고, 해변의 풍광이 한눈에 들어온다. 어떤 이들은 전망 좋은 곳에 산다고 부러워하려나. 아무 연고 없는 이곳에 터 잡고 산 지 어언 20년이다. 이런저런 사연을 겪으면서 어느덧 '집콕' 생활 몇 년째가 되었다. 아니, '집콕'도 아니고 이젠 '방콕'의 경지에 올라섰다고 해야 할까. 이곳에 처음 왔을 때만 해도 바닷가 특유의 짠기 어린 공기가 달달하게 느껴졌건만, 몸의 감각이란 것도 세월 따라 마음 따라 변하는 것인지 지금은 찝찔하다 못해 씁쓸하게 느껴진다. 삶이 무료하고 무의미하다 싶어지는 날들이다. 이런 때 그간의 내 살아온 날들을 돌아보고 담담하게 정리해 보는 것도 나쁘지 않으리라.

아파트에서 바라보기만 했던 해변가를 직접 걸어보니 막힌 가슴이 뚫리는 듯하다.

마음먹은 것은 하고야 마는 왈가닥 소녀

주민등록상 나이가 어리게 되어 있는 것이 나이 먹은 후엔 좋은 점이 많겠지만, 성장기엔 다소 혼란을 가져오는 것 같다. 내가 딱 그런 케이스다. 1960년에 태어났는데 주민등록에는 1962년생으로 되어 있다. 부모님이 나를 낳으신 후 출생 신고를 이웃에게 부탁했는데, 부탁받은 사람이 잊어버리는 바람에 그렇게 되었다고 했다. 두 살 아래 동생의 출생 신고를 할 때 내 출생 신고가 안 되어 있다는 것을 알게 되었고, 그래서 서류상으로는 내가 동생보다 손아래다. 두 오빠와 언니, 나 그리고 여동생, 이렇게 2남 3녀 5남매의 넷째로 자랐다.

여덟 살이 되었을 때 서류상으로는 여섯 살이라 초등학교에 입학할 수 없었다. 그때만 해도 지방에서는 나이와 상관없이 초등학교 입학이 가능했기에 부모님은 나를 조부모님 계시는 전남 진도로 보냈다. 1학년 1학기를 건너뛰고 2학기부터 학교에 다녔다. 엄마한테 들기로는, 진도 가기 전에 한글을 다 깨쳤는데, 1년 후 다시 서울 왔을 때는 한글을 잊어버린 상태였다고 한다. 그러면서 난독증이 있다는 것을 알게 되었다. 글자를 제대로 인지하지 못하는 난독증은 쉽게 고쳐지는 증세가 아니었고, 지금까지도 그로 인해 불편을 겪고 있다. 학교에서도 틀렸다고 지적당할까 봐 위축되어 공부에 재미를 붙이기 어려웠다.

한글은 잊어버렸을망정 그래도 진도에서 조부모님과 함께 지낸 그 1년이 참 행복했다. 형제자매 없이 혼자 사랑을 독차지하는 것이 좋았나 보다. 할아버지 할머니 눈에는 부모 떨어져 있는 어린 손녀가 안쓰럽기도 했을 거다. 아무튼 두 분의 지극한 사랑에 힘입어 세상에서 내가 최고인 줄 알고 살았다. 교회 목사님도 나를 예뻐해 줬는데, 특히 웃는 모습이 예쁘다고 했다. 노래 못하는 나를 성가대에 세워 놓고 입만 벙긋 벙긋하게 하기도 했으니까.

돌아보면 어린 시절은 대체로 무난했던 것 같다. 다만, 형제가 많으니까 부모의 보살핌을 충분히 못 받는 것이 속상해서 한 번씩 억지를 쓰곤 했다. 담임 선생님에게 과외를 받고 싶다고 졸라서 과외를 받았던 일, 아버지도 안 하신 반찬 투정을 했던 일, 따뜻한 도시락을 가져다 달라고 졸랐던 일 등 부모님에게 무리한 요구를 해서 기어이 얻어내곤 했다. 그만큼 고집이 셌다는 얘기다. 한번 하겠다고 마음먹은 것은 꼭 해야 직성이 풀렸으니, 좀 유난스러웠다고 할까. 엄마에게 뭔가를 졸랐는데 엄마가 안 해 주면 "엄마, 나 침 나와" 하면서 침 뱉는 버릇도 있었다.

동생과 함께 바다 구경

생각해보면 마냥 착하고 순한 아이는 아니었던 것 같다. 왈가닥 기질에 악동 기질까지 있어서 동네 애들을 때려 준 일도 꽤 있었다. 그래도 겉보기에 인상은 과히 나쁘지 않았던 모양이다. 나중에도 '착하게 보인다', '선해 보인다'라는 말을 많이 들었고, 살면서 무의식적으로 그런 기대에 부응하려고 노력했던 것 같다.

가족 성폭력과 가출, 인신매매와 집창촌

이 대목을 쓰자니 아직도 가슴이 떨려온다. 가라앉아 있던 흙탕물을 휘저어 놓은 것처럼, 두렵고 쓰라린 기억들이 스멀스멀 되살아나는 중이다. 10대 중반, 막 꽃봉오리를 맺기 시작한 내 인생을 헝클어 놓은 사람, 다름 아닌 오빠다.

중학교 2학년 때 작은오빠에게 성폭행을 당했다. 그 일이 벌어지던 무렵 5남매 중에서 큰오빠와 언니는 각각 군대와 공장에 있느라 집에 없었고, 동생은 철 없는 초등생이었다. 나도 동생만큼이나 철이 없었기에 생리가 끊기는 것이 임신의 징후인지 몰랐고, 원래 생리가 불규칙했으니까 안 나와도 그냥 그런가 보다 했다. 그때는 면생리대를 사용했는데, 엄마가 왜 생리대 빨래를 안 내놓느냐고 해서 "생리 안 나와" 했더니 엄마가 뭔가 이상한 느낌이 있었던가 보다. 내 가슴을 만져 보고 배를 보던 엄마의 표정이 갑자기 무섭게 굳어졌다. 어떻게 된

고 생명을 유지시켜 준다. 흙 속에서 사는 사람들
에 비가 와도 걱정, 안 와도 걱정, 날씨가 추워도
지만 결국엔 모든 것을 자연의 섭리로 알고
크게 슬퍼하거나
않는다.
주일로 정했는데
물질적으로 농사
적으로
뜻에서 설정된 것이라면
것은 사실이
그들의 손바닥
에서 흙처럼 진실하
다. 그리고
고 사는 농사꾼들의 모범적
한 뜻에서 제정된 농민주일
생관을 배우
면 나는 찬
농사꾼의 스승은 흙뿐

내가 찾은 네 잎 클로버

거냐는 엄마의 물음에 오빠가 그랬다고 했더니, 엄마는 다짜고짜 내 머리를 쥐어박고 내 등짝을 때렸다. 엄마는 그러고는 더 이상 아무 말이 없었다. 심지어 오빠한테도 이렇다 저렇다 말이 없었다. '당한' 사람은 난데, 오히려 내가 쥐어박히고 맞으니 내가 뭘 크게 잘못한 것 같은 기분이 들었다.

바로 병원에 가자는 엄마를 따라 병원 가서 수술대에 누웠다. 마취에서 깨어나니 모든 게 끝나 있었다. 수술하고 집에 가서 누워 있으라던 엄마의 말을 무시하고, 병원에서 나와 그길로 친구 집으로 가 버렸다. 집에 가기가 죽기보다 싫었다. 중절 수술을 받았으니 몸조리를 해야 되는 상황인데 그런 개념이 있을 리도 없었다. 지금도 그날이 기억난다. 중학교 3학년 올라가기 직전인 2월 29일이었다. 엄마는 부모로서 너무나 무책임했고, 나에게 너무나 냉정했다. 오빠가 나한테 그런 짓을 했다는 사실만으로도 세상이 무너지는 충격이었는데 설상가상, 가족들로부터도 제대로 보호받지 못한 것이다.

그렇게 무작정 집을 나와서는 무슨 대책이나 계획이 있는 것도 아니어서 친구 집을 전전했다. 3월 2일 개학 날이 되자 친구는 학교에 갔고, 나는 친구 집을 나와서는 갈 곳이 없었다. 어찌할지 막막해 장충단공원에 앉아있는데, 어떤 사람이 다가와 신발 공장에 취직시켜 주겠다고 했다. 그때 내 나이 열여섯, 의심을 모르는 나이였다. 따라갔더니 신발 공장이 아니었다. 왠지 속은 기분이 들어서 도로 가겠다고 하자, 주인이 가려면 50만 원을 내놓으라고 했다. 나를 데리고 온 사람이 이미 50만 원을 받아 간 후였다. 일자리를 소개해 준다며 속여서 소개비를 챙기고 팔아넘기는 전형적인 인신매매였다.

졸지에 집창촌에 감금되는 신세가 되었다. 내 인생은 더 깊은 나락으로 떨어졌다. 주인은 방문에 자물쇠를 채워 놓고 감시했다. 대문 밖에도 못 나가게 했고 화장실 앞에서도 지키고 있었다. 두 번째 손님이던 할아버지가 기억난다. 어린 소녀가 갇혀 있는 게 딱해 보였는지, 성관계는 안 하고 지폐를 엄지손톱만 하게 접어주면서 주인에게 주지 말고 도망갈 때 쓰라고 했다.

한 달이 되어 주인에게 월급을 달라고 하니 며칠 있다 주겠다고 했다. 며칠 후에는, 두 달을 채워서 주겠다며 또 얘기가 달라졌다. 뿐만 아니라, 손님을 끌어오라며 호객도 시켰는데, 처음에는 대문 앞에 앉아있으라더니 나중에는 골목 입구에서 하라고 했다. 골목 입구까지 나가긴 했지만, 도저히 입이 안 떨어졌다. 그러다 처음 호객한 손님이 사복 경찰이었다. 다들 눈치채고 이리저리 도망갈 때 나는 뭐가 뭔지 모른 채 경찰서로 잡혀갔다. 거기서 다시 대방동의 서울 시립 부녀 보호소*로 보내졌고, 함께 잡혀 온 사람이 창신동에서 잡혀 왔다고 해서 내가 있던 곳이 창신동이라는 것을 알게 되었다. 나중에 계산해 보니 거기에 감금되어 있었던 것이 한 달 하고도 27일이었다.

---

* 278쪽 '편집자 해설' 참조

뒷골목 생활만 배우고 나온 동부여자기술원

대방동 부녀 보호소에서 이틀을 보내고 지금의 삼성의료원 자리(수서동)에 있던 서울 시립 동부여자기술원으로 보내졌다. 기술원은 일종의 수용소였는데, 수용된 이들 중에 업주는 드물었고 단속에 걸린 '아가씨'들이 대부분이었다. 업주들은 대개 법적으로 남편이 있어서 단속에 걸려도 일찌감치 남편이 데리고 나가니, 아가씨들만 남게 되는 거였다. 나도 부모에게 연락하면 나갈 수 있었지만 그러고 싶지 않았다. 나를 감싸주기는커녕 방치하고 외면하다시피 했던 부모에게 반발심이 들었다.

기술원에서 처음에는 보호생 신분이었지만, 학과생으로 기술을 배우면 취직까지 시켜 준다고 해서 학과생이 되었다. 미용과에서 미용기술을 배우기 시작했다. 그러다 얼마 후 조회에서 기술원장이 엄마가 다니던 교회 권사임을 알게 되었다. 어린 시절 기독교 가풍에서 자

서울 시립 부녀 보호소 장면. 서울기록원 제공 사진

랐고, 엄마뿐만 아니라 가족들 모두 교인이었다. 깜짝 놀란 원장이 연락해 엄마가 찾아왔지만, 학과생은 무조건 1년 동안 기술원에서 지내야 하는 규정 때문에 나갈 수 없었다.

기술원은 힘과 서열, 그에 따른 폭력이 지배하는 곳이었다. 힘센 소위 '바지씨'들이 실장(반장) 노릇을 하면서 말 안 듣는 사람을 때리고 벌세우고, 성폭력도 서슴지 않았다. 주로 새로 들어온 사람, 나이 어

동생과 함께한 나들이

린 사람, 만만한 사람이 타깃이 되었다. 실장이 자기 옆에서 자라고 하던 그날 밤, 나도 성폭행을 당했다. 저항했다가는 흠씬 두들겨 맞거나 억울하게 징계실에 가야 했다. 10대 소녀이던 나에게 그는 감히 어떻게 해 볼 수 없는 까마득한 어른이었다. 그가 자기 옆에서 자라고 할 때마다 찍소리 못하고 당해야 했다. 가끔 방에 신입이 들어올 때면 비로소 그의 손아귀에서 놓여날 수 있었다. 그렇게 서서히 동성애에 길들여졌다.

그는 나를 정신적으로도 지배하려고 했다. 나 스스로 '이미 몸을 버린 사람', '사랑도, 결혼도 하면 안 되는 여자'라고 생각하게끔 끊임없이 세뇌했다. 정신적·사회적으로 미성숙했던 나는 그의 가스라이팅에 조종 당했던 것 같다. 나중에 기술원 퇴소 후 다른 길을 찾아볼 생각을 못 하고 용산 집결지에 내 발로 들어간 것도 '이미 더럽혀진 몸'이라고 스스로 자포자기했기 때문이다. 물론 오빠와 다시 한집에 사는 것도 죽기보다 싫었지만.

흥미로운 것은 나중에 내가 용산에 있을 때 그 '바지씨'가 나를 찾아왔던 일이다. 함께 살자는 것을 거절하고 돌려보냈다. 그 사람도 싫었고, 동성애도 싫었다. 기술원에서는 힘에 밀려 거부할 수 없었지만, 그곳을 나온 이상 더는 안 그래도 되었으니까.

기술원에서는 동성 간의 성폭력뿐만 아니라 동성애도 흔한 일이었다. 나중에 여자와 몇 번의 연애사를 겪기도 했으나 난 애초에 동성애자로 타고난 경우는 아니었다. 기술원에 가지 않았더라면 동성애를 평생 모르고 살았을 것이다. 기술원에서 '뒷골목' 생활을 배우고 '더럽혀진 몸'이라 세뇌 당하고 동성애에 길들여진 것이 그 후 나의 삶을 상당 기간 지배했다.

사지에 몰려
내 발로 찾아간 용산

기술원에서 1년이 지나갔다. 기술원의 교육은 너무나 형식적이어서 미용과에서 1년 동안 배운 것이라고는 파마 마는 것이 전부였다. 오히려 뒷골목 생활만 제대로 배워서 나온 셈이 되었다.

기술원 퇴소 후 일단은 어쩔 수 없이 집에 갔는데, 나를 성폭행한 오빠와 한집에 사는 것은 너무나 끔찍한 일이었다. 게다가 기술원에서 겪었던 일들이 고통스러운 기억으로 새겨져 '이미 버린 몸'이라는 수치심과 자기혐오가 내 마음을 가시처럼 찔러댔다. 지옥이 따로 없었다.

집을 나간다면 대체 어디로 갈 것인가…. 기술원 동기 성숙이의 부탁으로 찾아간 용산 집결지가 탈출구가 되었다. 기술원에서 학과생은 1년간 퇴소할 수 없기 때문에 업주들은 학과생이 된 아가씨들을 대부분 나 몰라라 했다. 같은 방에 있던 성숙이는 경우가 좀 달랐는데, 돈과 사식을 챙겨 주는 좋은 업주와 일하는 것 같았다. 성숙이는 먼저 퇴소하는 나에게, 용산의 업주에게 자신이 곧 퇴소하니 옷과 돈을 보내달라 전해 달라고 했다.

그렇게 찾아간 용산에서 나도 일하겠다고 했다. 그리고 바로 일을 시작했다. 주인은 자신이 아가씨 출신이라 그런지, 아가씨들을 보호해 주고 여러 가지를 배려해 주었다. 아가씨들을 이용만 하는 다른 업주들과 달랐다. 나를 자물쇠로 가둬 놓고 부려 먹고 한푼도 안 준 창신동 업주와도 비교되었다. 용산의 주인은 기둥서방을 만들지 말라는 조언도 해 줬다. 무엇보다도 계산을 사흘에 한 번씩 해 줬고, 통장을 만들게 해서 바로바로 은행에 갔다 오게 했다. 당시 나는 미성년자라 주민등록증이 없어 통장을 만들 수 없었고, 금융실명제가 시행되기 전이라 주인이 대신 만들어 준 통장을 썼다.

통장이 있지만 열심히 일할 이유가 없었다. 갈 곳이 없어서, 사지에 몰려서 오게 된 곳이었다. 좋아서 하는 일이 아니고 어쩔 수 없이 하는 일이었다. 하루하루 흘러가는 시간에 내맡기듯 살았다. 내일을 꿈꾸고 미래를 계획하는 삶은 나와 어울리지 않았다. 정 일하기 싫을 때는 영업 시간 도중에도 그만두고 나와 버렸다.

돈에 연연하지도 않았다. 나중에는, 그날 수입이 얼마가 되었든 밤 12시까지만 일하고 다른 사람들 영업하는 옆에서 돗자리 깔고 술을 마셨다. 물론 소개비에 팔려 와 빚에 허덕이는 다른 아가씨들과 달리 빚이 없었기에 가능했으리라.

간혹 다른 일을 해 보기도 했다. 경양식집 웨이트리스, 다방 레지,

술집 종업원, 전화바리(콜걸), 식당 서빙에 막노동까지 두루두루 경험해 봤다. 다양한 직업을 전전하면서도 집에는 절대 가지 않았다. 그러다 결국에는 매번 뒷골목으로 돌아왔다. '나'를 버린다면, 배운 것 없고 기술도 없고 오갈 데 없는 사람들에게는 최고의 직업이었기 때문이다. 그만큼 한 번 발을 들이면 벗어나기가 쉽지 않은 곳이다. 10대 중반부터 뒷골목 생활에 찌들어 있었기에 보통 사람들이 하는 평범한 경험들이나 보편적인 상식이 부족했는데, 그것도 아마 사회에 나가서 적응하지 못하고 돌아오는 이유 중 하나였을 것이다. 언젠가 고깃집에서 일했을 때 소금구이를 달라는 손님의 주문을 못 알아듣고 손님을 놓칠 뻔한 적이 있었다. 소금구이가 목살 소금구이를 말하는 것인 줄 모르고(메뉴판에는 '목살'이라고만 적혀 있었으니까) 소금구이가 없다고 하니 손님이 그냥 나가 버렸다. 놀란 사장이 상황을 알고는 빨리 가서 데려오라며 성화를 해댔다. 다행히 손님이 멀리 가기 전이라 따라잡을 수 있었다. 뒷골목 생활만 해 봐서 식당에서 음식을 사 먹어 볼 기회도 없었던 탓이다.

결혼이 탈출구가 될 수 있을까

뒷골목 생활이 계속되면서 생각이 달라진 것이 있었다. 남자와의 결혼은 애당초 포기하고 살았는데, 그럴 일이 아니었다. 결혼이야말로 어쩌면 그곳을 떠날 수 있는 가장 빠른 지름길일지도 몰랐다. 손님으로 오는 이들 중에서 나 좋다는 남자, 같이 살자는 남자가 있으면 무조건 결혼하겠다고 마음먹었다. 아무리 나쁜 남자와 산다 해도 뒷골목 생활보다는 낫겠다 싶었으니까. 어린 마음에 어쩌면 재취 자리는 가능할 것도 같았다.

손님의 아이를 가지면 결혼해서 그곳을 벗어날 수 있을 거라는 생각에 피임약을 끊었다. 하지만 피임을 중단해도 임신이 되지 않았다. 불임의 몸이라는 것을 머잖아 알게 되었다. 중학생 때 중절 수술 받은 것이 잘못된 것인지, 그때 몸조리를 제대로 안 한 것 때문인지는 모르겠지만, 다들 임신에 대한 공포로 열심히 피임약을 먹는데 나는 그럴 필요가 없었다.

손님들 중에 나를 마음에 들어해서 같이 살자는 이들이 있었다. 그들을 따라나간 적이 몇 번 있는데, 하필이면 다들 몇 대 독자라든가 해서 아이를 꼭 낳아야 하거나 아이를 절실히 원하는 남자들이었다.

한 번은 '살림 나자'는 말이 너무 달콤하게 들려 그 남자를 따라 나가 살림을 차렸더랬다. 이유는 오로지 하나. 여러 사람 상대하는 것보다 한 사람 상대하는 게 낫지 않겠느냐는, 아무리 불행한 결혼 생활이라 해도 이 뒷골목 생활보다는 낫지 않겠느냐는 단순한 생각이었다. 가서 보니, 독립적인 결혼 생활은 힘들게 생겼고 시어머니의 영향권 아래 살아야 했다. 게다가 지방에 있다는 본가에 내려갔더니 전체적으로 집안 분위기가 좀 이상했다. 시아버지가 첩을 여럿 거느리고 있어 자식이 과장 좀 보태서 수십 명이었다. 남편의 어머니도 첩이었는데, 세 번째 첩이라던가. 시어머니는 그나마 아들을 낳았다고 대접을 좀 받는 눈치였다. 황당한 상황이지만 그것까지도 괜찮았다. 역시나 남편은 아이를 원했으나, 임신 소식은 끝내 없었다. 임신이 된다는 '용한' 한약을 먹어 볼까도 했지만 다 부질없는 짓이다 싶었다.

깨끗이 포기하고 다시 용산으로 돌아왔는데 어느 날 나를 찾는 이들이 있다고 했다. 시어머니 손을 잡고 찾아온 남자를 보니 할 말이 없었다. 차라리 혼자 왔으면 모를까. 그 정도의 중증 마마보이라면 계속 같이 살았더라도 고생길이 훤했을 터다. 빚이 있으면 갚아주겠다며 돌아가자는데, 냉정하게 거절하고 돌려보냈다. 너랑 안 산다고, 그냥 가라고…. 그는 나를 정말로 좋아했던 걸까. 아마도 임신은 나중에

될 수도 있다고 생각했던 모양이다.

임신이 절실하기로는 나도 몇 대 독자들 못지 않았다. 하다못해 미신에라도 기대고 싶었다. 뒷골목에서는 아가씨들이 임신하는 일이 흔했고, 중절 수술도 그만큼 자주 있는 일이었다. 그 수술받을 때 같이 갔다 오면 임신이 된다는 말을 듣고 남들 수술받을 때마다 쫓아다녔지만 다 소용없는 일이었다. 몇 번 그런 일을 겪으면서 남자와 결혼하는 것은 포기하고 여자와 살아야겠다고 나 스스로 최면을 걸었던 것 같다. 만약 임신이 가능했더라면 내 인생은 어떻게 풀렸을까.

한참 나중에 진짜 결혼할 생각으로 며칠 같이 살았던 남자가 있다. 도매 시장에서 채소 장사한다던 이혼남이었다. 대여섯 살짜리 아들이랑 엄마랑 살고 있다며, 자기가 결혼하면 엄마가 누나집으로 갈 거라고 했다. 이미 아이가 있어 임신에 대한 부담이 없으니 그러자고 했다. 혼인 신고를 하려고 주민등록등본을 떼었는데, 아뿔싸, 아직 '혼인' 상태인 것으로 나왔다. 전처와 헤어진 건 맞는데 서류 정리가 안 되어 있었던 거다. 상황도 어이없지만 그의 대답이 더 걸작이었다.

"이혼이 안 되어 있는데 어떻게 혼인 신고를 해?"

"이거, 친구한테 이혼 시키면 돼. 친구가 해 준다고 했어."

나도 못 배운 사람이지만 그 사람은 나보다 더 심각했다. 이런 사람을 남편으로 믿고 평생 살아야 하나.

"야, 이 미친놈아! 이혼을 친구가 해 주냐?"

그 남자와는 그렇게 이삼 일의 짧은 인연으로 끝났다.

일탈로 괴로움을 눌러 본들

싫은 일을 억지로 하는 괴로움을 무엇에 비할까. 그 괴로움이 한계치에 다다를 때마다 어린 시절의 악동 기질이 한 번씩 튀어나오곤 했다.

스무 살 때쯤, 나이트클럽에 100일 동안 다니겠다고 마음먹었던 적이 있다. 통금이 있던 때다. 춤은 못 추지만 그렇게라도 스트레스를 풀고 싶었고, 100일이 딱 지나자 단호히 발을 끊었다.

정 영업하기 싫을 때는 주인에게 쉬고 싶다고 말해도 됐다. 하지만 그렇게 '얌전하게' 쉬는 건 재미없는 일이다. 주인에게는 영업한다고 말하고 중간에 옷을 갈아입고 도망갈 준비를 했다. 그리고는 주인이 보는 앞에서 택시를 잡아타고 도망갔다. 주인이 안 보면 안 갔다. 눈앞에서 도망치는 것이 상대방을 확실하게 골탕 먹이는 것이면서 스릴도 더 있으니까. 어떤 날엔 대문에 '정기 휴일'이라 써놓고 아가씨들 데리고 극장 가서 맨발로 영화 보며 해방감을 만끽하기도 했다. 그런

아파트에서 내려다 본 해변가

일탈들이 때로는 작은 숨구멍이 되었다.

술 먹고 영업하기 싫은 날, 분풀이할 데가 없다 싶으면 내 방의 TV를 망치로 깨부쉈다. 대상이 무엇이든 내 안의 분노를 쏟아내고 싶었던 것 같다. 한동안 그러고 나면 부서진 TV가 눈에 들어오며 갑자기 '멘붕'이 왔다. 이런 내가 스스로도 무서웠다.

그렇게 TV를 여러 대 작살내고는 더 이상 이러면 안 되겠다 싶어 나중에는 열대어를 키우며 스트레스를 풀었다. 물이 들통으로 여섯 통이나 들어가는 큰 수조를 들여놓고 열대어를 풀어놨다. 먹이 주고 물 갈아 주며 열대어들이 고요히 헤엄치는 것을 보고 있노라면 '화'로 들끓던 마음이 차분해져 왔다.

영업하기 싫던 어느 날 언니 집에 가서 며칠 쉬고 돌아오니 참극이 벌어져 있었다. 몇 마리가 죽어 있고 뼈가 둥둥 떠다녔다. 먹이를 안 주니 서로 잡아먹은 것이다. 내 책임이겠지만 더는 키우고 싶지 않아 수조와 함께 다 치워 버렸다.

일하기 싫어 그만뒀다가 다시 시작하기를 수없이 되풀이했다. 업소에 아가씨가 새로 들어오면 방을 새로 도배해 주는 게 뒷골목의 '룰'인데, 하도 '시작'을 밥 먹듯이 자주 하니, 사람들이 이 집에 도배해 주러 오냐고 농담할 정도였다. 그만둘 때도 갑작스럽게 충동적으로 그만뒀고, 쓰던 가구와 가전제품도 챙기지 않았다. 심지어 인형까지 다 그냥 두고 나왔다. 그랬다가 또 얼마 안 있어 다시 시작했지만, 먼 곳도 아니고 고작 주변의 다른 여관으로 옮기는 식이었다. 일하면서 받는 스트레스를 풀기 위해 가끔 친구들과 '호빠(호스트바)'에 다니기도 했다. 팁은 후하게 주되 2차는 가지 않았다.

한 번은 이런 일도 있었다. 좋게 말하면 이것도 악동 기질의 표출이었을까. 영업하기 싫던 어느 날, '탕치기'를 하자고 꼬시는 언니를 따라 포천의 한 업소에 갔다. 탕치기는 선불로 받은 돈을 갚지 않고 도망가는 것이니 일종의 '먹튀'다.

세상은 그렇게 만만하지 않았다. 탕치기는커녕 업주에게서 끌어다 쓴 돈을 다 갚고 아슬아슬하게 도망 나와야 했다. 도망 나올 때는 언니와 나 외에 동행이 한 명 더 있었다. 간호사로 일하다가 동생 학비를 벌기 위해 빚을 지고 와 있다던 아가씨였다. 동생 학교도 못 보내고 동생을 만나지도 못하고 있다며 내내 울기만 했다. 함께 도망갈 궁리를 하면서 차비라도 할 생각에 같이 돈을 조금씩 숨겨두었다. 사실 차비가 있어도 타고 나올 교통편이 막막했다. 업소가 외길에 있어서 지나가는 차를 얻어 타야만 도망 나올 수 있었다. 게다가 도망가다가 검문소에서 걸리면 다시 업소로 잡혀간다는 얘기도 있었다.

드디어 도망가기로 작정한 날이 다가왔다. 머리카락이 곤두서는 초긴장 상태로 길가에서 차가 지나가기만을 기다렸다. 우리를 보고 차를 세운 사람은 용달차를 몰던 남자였다. 다행히도 좋은 사람이었고, 그는 우리를 자기 집으로 데려갔다. 그의 노모는 우리에게 밥을 해 주고 손톱을 깎아 주고 매니큐어를 지워 줬다. 그 모자가 집에서 이틀간 재워줘 무사히 돌아올 수 있었다. 그때 선량한 사람들을 만난 것은 정말 천운이었다. 그 고비를 넘기고 탈출한 그 아가씨가 잘 살았으면 좋았으련만, 후에 다시 돌아갔다는 소식을 들었을 때는 너무나 속상했다.

술기운에 취하고 약기운에 취하고

되는대로 살았다. 흐느적거리듯 살았다. 뒷골목 생활에서 술만 한 의지처가 없었다. 술을 마시면 창피한 마음이 없어지니 맨정신으로 못하는 호객도 술기운에는 할 수 있었다.

단골 포장마차에 신호를 보내 놓으면 주인이 소주를 맥주잔에 따라 놓고, 은행 같은 먹기 쉬운 안주를 준비해 놨다. 맥주잔에는 소주 반 병이 담긴다. 얼른 가서 마시고 돌아오면 술기운이 오르기 시작했다. 손님을 여럿 받아야 하니 천천히 마실 여유가 없었고, 그러다 보니 빨리 마시는 게 버릇이 되었다. 손님 한 명에 소주 반병을 마시는 셈이라 하루에 마시는 술이 여러 병 되었다. 술을 너무 많이 마시자 나더러 차라리 약을 먹으라고 말하는 사람도 있었다(실제로 약을 먹는 아가씨도 많았다).

술로 인해 크고 작은 사고를 치기도 했다. 취하면 가진 돈을 다 남에게 퍼주거나 술을 사서 퍼주는 버릇이 있었다. 옆에서 깐족거리는 아가씨를 쫓아가 맥주병으로 머리를 치는 바람에 폭력 전과가 생기기도 했다.

그렇다고 약을 안 한 것도 아니다. 용산에서 약(마약성 진통제)을 쉽게 구하지 못하게 되자, 빚이 없어 상대적으로 자유로운 내게 친구들이 약 심부름을 맡겼다. 심부름을 해 주고 한 알씩 얻어먹곤 했는데, 어느 날은 다섯 알을 얻었다. 대접에 설탕물을 타서 다섯 알을 다 먹고 옆방 가서 쓰러져 잠들었다. 특별히 좋았던 기억이 없어서 스스로 찾지는 않았지만, 약에 대한 궁금증은 늘 있었다.

'옵타리돈'을 처음 접한 건 마장동에서 일할 때였다. 술과 함께 먹으면 기분이 몽롱해지면서, 술 취했을 때처럼 창피함을 안 느끼고 일할 수 있었다. 기분이 좋아지면서 생각이 둔해지고 마음도 편해졌다. 문제는, 힘도 세지고 감정도 격해진다는 것이다. 약에 취한 사람들끼리 싸우면 칼부림이 나는 등 위험한 상황이 벌어지곤 했다.

술과 약에 취해 일하는 아가씨들이 많았는데, 이를 이용해 아가씨를 속이거나 이상한 짓을 하는 사람들도 있었다. 한 번은, 손님이 갔는데도 아가씨가 방에서 나오지 않아 들어가 보니 아가씨가 완전히 뻗어 있었다. 손님이 대체 아가씨 몸에 무슨 짓을 해놓고 갔는지 알 도리가 없었다. 심지어 아가씨 몸에 담배꽁초를 넣어놓고 간 변태도 있었으니까.

나 역시 술기운과 약기운에 취해야만 손님들을 상대할 수 있었다. 확실히 긴장감도 낮아졌고 몸이 굳는 증상도 덜 했다. 맨정신으로 상대할 때는 오빠에게 처음 성폭행당했을 때의 기억이 떠오르면서 몸이 굳어 왔다. 솔직히, 남자 손끝이 몸에 스치기만 해도 역겹고 불쾌했던 것이 사실이다. 그토록 싫은 것을 억지로 이 악물고 했으니 단골이 안 생기는 것이 당연했다. 누군가 단골 만드는 요령이라며 신음소리를 내라고 일러줬다. 그래야 손님들이 좋아하고 일도 빨리 끝난다는데, 그 사람 말대로 거짓으로라도 그렇게 했더라면 또 달랐을까.

대체 언제까지 이렇게 살아야 할까. 이렇게 살다 결국 이렇게 가는 것인가. 내 인생에 다른 선택지는 전혀 없단 말인가. 차라리 죽는 게 낫겠다 싶을 만큼 손님 상대하는 게 힘들고 싫었다. 수중에 약이 있다는 건 모진 생각이 들 때마다 쉽게 쓸 수 있는 도구가 있다는 뜻이기도 했다. 20대 후반, 죽을 결심을 했던 어느 날이다. 비록 뒷골목에 있지만 그래도 죽을 때는 깨끗한 곳에서 깨끗한 모습으로 죽고 싶었다. 전부터 봐둔 호텔에 방을 잡고, 고운 한복으로 갈아입고 약을 꺼냈다. 치사량이니 제법 많았다. 이제 약을 입에 넣고 삼키기만 하면 되는데, 굳은 결심으로 여기까지 왔는데, 간신히 억누르고 있던 온갖 감정과 기억이 갑자기 소용돌이치며 올라오기 시작했다. 그래도 마음을 독하게 먹고 약을 입에 넣으려는데, 왈칵, 눈물이 쏟아졌다. 가엽고 억울한 내 인생…. 폭풍 같은 울음이 터져 나왔다. 차마 약을 삼킬 수가 없었다. 그렇게 몇 시간을 서럽게 울다 결국 호텔 방을 나오고 말았다.

죽음마저 뜻대로 되지 않는 인생, 그저 오늘만 살자고, 오늘 하루만 넘기자며 버텼다. 미래에 대한 계획 없이 그냥 하루하루만 넘기면 된다는 마음으로 그렇게 시간을 흘려 보냈다. 그러다 그때와 비슷한 일이 몇 년 후에 다시 벌어졌다. 이번에는 실제로 약을 입에 털어 넣었다가, 명이 길었는지 이틀 만에 깨어났다. 내가 이승과 저승을 오가는 동안, 같은 집에 살던 누구도 그 사실을 몰랐다는 것이 우습기도 하고 슬프기도 했다. 평소 술을 좋아하고 밤에 돌아다니는 일이 잦으니, 또 어디 나갔나 보다 했던 것 같다.

그래도 그때 안(못) 죽고 산 것이 다행이었으려나. 그 후로는 죽겠다는 마음을 더는 품지 않았다. 과거 일을 생각하지 않으려 의식적으로 노력했고, 깊게도 생각하지 않았고, 오래 생각하지도 않았다. 그랬기에 지금까지 삶을 이어올 수 있었던 것 같다.

서른 살 무렵, 술과 약을 많이 하던 시절의 일이다. 감옥에 간 업주를 대신해 그 동생이 업소를 봐 주러 왔다. 술과 약에 취해, 전에 성폭력 당한 이야기를 그 동생에게 했던가 보다. 다음날 아침, 전날 내가 무슨 이야기를 했는지 듣고는 아차 싶었다. 끊어야겠다고 생각했다. 결국 약은 지금의 남편을 만나 일을 그만두면서 완전히 끊었다. 약이 주는 편안함이 있지만 나를 망치는 것이니까…. 술은 아직 끊지 못했는데, 조금씩 마시는 것이 일상에 작은 위로가 된다.

진정 좋아했던 그녀, 순주

그 와중에 누군가를 좋아하기도 하고 아파하기도 했다. 기술원 그 '바지씨'의 말처럼 몸은 더럽혀졌는지 몰라도 순정까지 더럽혀진 건 아니었다.

아가씨들 중에 동성애를 하는 사람이 많았는데, 남자 손님들을 지겹도록 상대해야 하니 그 반작용으로 그렇게 된 것 같다. 당시 마장동, 순화동, 조치원 등에 많이 모여 살았는데, 20대에 그들과 어울리며 몇 번의 연애를 하게 됐다. 개중에는 내가 좋아한 여자들도 있었고, 나를 좋아한 여자들도 있었다. 나는 타고난 동성애자가 아니어서 상대에 따라 '바지씨'가 되기도 하고 '치마씨'가 되기도 했다.

그중 내가 진심으로 좋아했던 사람은 순주다. 지금도 그녀의 사진을 간직하고 있다. 처음에 친구의 소개로 알게 되어 가끔 술 한잔하며 친해졌다. 마음씨가 착해서 마음에 들었고, 내가 먼저 대시했다.

직접 잡은 해산물로 차린 한 상

하지만 사랑에는 고난이 따르는 법. 어느 날 그녀가 동네 어느 바지씨한테 맞고 있는 것을 보게 되었다. 가만 있을 수 없어 달려가 그 바지씨를 때려 주었다. 이 동네에서 더 이상 못 살 거라면서 빨리 도망가라고들 했다. 바지씨들이 많이 살던 동네라 떼로 몰려오면 당해 내지 못할 게 뻔했다. 전세 보증금도 못 빼고 급히 서울을 떠났다. 보증금은 다행히 나중에 찾게 되었지만, 그렇게 도피인지 여행인지 모를 방랑이 시작됐다. 처음 향한 곳은 강원도 설악산. 일주일 내내 설악산에 있었어도 밤새 술 마시고 자느라 새벽에 해 뜨는 것을 한 번도 보지 못했다. 돈은 점점 떨어져 가고, 어쩌다 보니 청주까지 오게 됐다.

청주 여인숙에서 일을 시작하고 살림을 차렸다. 그때 함께 지낼 때 그녀가 내게 처음 밥을 차려 주었다. 그녀가 해 주는 미역줄기볶음이 일품이었는데, 지금도 그 맛이 생각난다. 나를 위해 밥을 해 주고 내 머리끝부터 발끝까지 살뜰히 챙겨 준 사람. 어려서 집을 나와 보살핌을 제대로 못 받고 살았는데, 좋아하는 사람이 나를 아껴 주니 너무나 행복했다. 돌아보면 그녀와 함께 살던 그때가 내 인생에서 가장 행복한 시절이었던 것 같다. 그녀가 주는 사랑을 내가 받고, 내가 주는 사랑을 그녀가 받는, 둘이서 온전히 사랑을 주고받는 느낌이었다.

가족들로부터도 인정받고 싶었다. 그녀의 부모님과도 왕래하며 지냈고, 내 부모님에게도 '같이 사는 사람'이라고 이야기했다. 집에 가면 다른 형제들의 결혼사진은 다 있는데 내 결혼사진만 없으니 그녀와 찍은 사진을 그 틈에 갖다 놓았다.

다른 커플들이 그러하듯 우리도 살면서 갈등을 겪었다. 그녀에게 선물해 준 패물이 꽤 여러 개 되었는데, 언젠가 대전 살 때 다리를 다쳐 급히 수술해야 했다. 수술비로 패물을 하나 팔아오라고 했더니 그녀가 말도 안 되는 핑계를 대면서 못 판다고 했다. 결국 부모님에게 연락해 수술비를 마련했다. 내 다리 수술보다 패물이 더 중요하단 말인가? 지금 생각해도 그때 그녀의 태도에 화가 치민다.

한편으론 그녀가 안쓰럽기도 했다. 그녀가 일하면서 약을 많이 먹는 것이 걱정되어 일을 그만두도록 했다. 나 혼자 일해서 생계를 책임지겠다는 뜻이었다. 그런 마음을 먹었던 것도 그녀가 처음이었다. 기둥서방처럼 나를 이용해 먹는 여자들을 여럿 겪으면서 피해 의식이 생겨버린 탓이었다. 여자들은 함께 살다가도 슬그머니 일을 그만두고 나에게 경제적으로 의지하곤 했다.

그녀가 일을 그만두면 약을 덜 먹게 될 거라는 생각은 오산이었다. 내가 나가고 없으면, 약에 취해 벌거벗고 돌아다닌다고 주인 아줌마가 이야기해 줬다. 그녀와 떨어지고 싶지 않았지만, 병원 치료가 급하니 결국 그녀 남동생에게 연락해 병원에 입원시키도록 했다.

나중에 병원에서 퇴원했고 결혼했다는 이야기도 들었지만, 그 후로는 본 적이 없다. 결혼 소식을 들었을 때 찾아봤어야 했다는 후회가 들기도 한다. 그 후로 누가 뒷골목에서 그녀를 봤다는 이야기는 듣지 못했으니 잘 살려니 한다. 만약 그때 약 문제만 아니었다면 둘이서 계속 잘 지냈을지도 모른다. 시간이 많이 흘렀지만, 집에 있는 그녀 사진을 볼 때면 아직도 가슴이 쿵 내려앉는 순간이 있다. 내가 진정으로 좋아했던 사람은 그녀, 오로지 순주뿐이다.

그 일을 안 할 수만 있다면

뒷골목을 벗어날 수만 있다면, 아니, 그 일을 안 할 수만 있다면 뭐든 해볼 생각이었다. 그 일만 아니라면…. 누가 내 몸만 안 건드리면 좋겠다는 소박한 바람으로 '2차'가 없는 다방에 일자리를 구했다. 낮에는 차를 팔고 저녁에는 위스키를 파는 곳이었다. 손님이 오면 비위를 맞추며 말상대를 해 주는 게 역할이라 손님이 들어오면 마담이 시키는 대로 인사부터 했다.

"어서 오세요."

마담은 마음이 급해진다.

"야, 빨리 저기 가서 앉아라."

"예."

빨리 손님 얘기 들어주며 비싼 거 주문해서 매상을 올리라는 뜻이다. 낮에는 쌍화탕을 시키는 게 가장 좋지만 그게 안 되면 커피라도 열심히 마셔야 했다. 붙임성 있는 아가씨들은 손님한테 하하호호 웃어 주며 말도 잘 붙이는데, 난 무슨 말을 해야 할지 몰라 묻는 말에 대답이나 하는 게 고작이었다. 그나마 저녁에는 위스키 한 잔 마시면 그 술기운으로 손님 상대하기가 좀 수월했다.

마담 집에서 지내며 매일 마담과 같이 출퇴근했는데, 어느 날 또 일이 터지고 말았다. 어쩌면 이렇게 가는 데마다 그런 일을 당할까. 내 인생은 왜 이리 팍팍하기만 할까. 마담의 남편, 그 마수를 피해 결국 그 집에서 도망 나오고 말았다. 남자라면 정말 치가 떨려왔다.

다른 길은 없을까. 수많은 궁리와 시도 끝에 차라리 포주가 되겠다고 작정했다. 포주가 되면 뒷골목은 못 벗어날지언정 그 일에서는 해방될 수 있으니 나쁘지 않았다. 30대 때의 일이다. 마침 건달 하나가 가게를 차려주겠다며 해 보라고 했다. 사실 포주 노릇을 하려면 방패막이가 되어 줄 건달이 꼭 필요하다. 그는 본처가 있어 그의 '세컨드'가 되는 것이라 아이를 낳아야 한다는 부담도 없어 괜찮은 조건이었다. 마침 그의 본처도 포주였다. 이태원에 업소를 차릴 생각으로 집을 구했다가, 우연찮게 그가 본처를 때리는 장면을 보게 됐다. 손에 잡히는 대로 집어 들고 두들겨 패는데, 문득 공포가 밀려왔다. 그 남자랑 같이 살다가는 맞아죽을 것만 같았다. 지금이라도 도망가야 하나, 어떻게 발을 빼나, 골치가 아파왔다. 말도 없이 도망가면 어떻게든 찾아내서 괴롭힐 게 뻔했다. 뒷골목 건달들의 정보력과 행동력을 우습게 보면 안 된다. 차라리 뒤탈이 없도록 좋게 끝내는 게 최선이다. 가게 운영하는 것도 자신없고 같이 사는 것도 자신없다고 정색을 하고 말했더니 그 건달, 다행히 날 순순히 놓아주었다.

차라리
한 사람만 상대하자

한때 룸살롱에서 만난 남자를 '스폰서' 삼아 들어앉았던 것도 그래서였다. 뒷골목에서 이 사람 저 사람한테 시달리며 사느니 차라리 한 사람만 상대하는 게 낫다고 생각했으니까. 룸살롱이라고 하면 흔히 강남 룸살롱을 떠올리는데, 기본적으로는 아가씨들을 룸에 불러 '초이스' 해서 옆에 앉히고 먹고 노는 술집이다. 아가씨들은 술 마시고 안주 시켜 매상 올리고, 노래 부르고, 팁 받고, 2차를 나간다. 그런 곳이 다 룸살롱이고 그런 술집은 전국 곳곳에 아주 많다. 룸살롱에서 2차는 원칙적으로는 선택이라 원치 않으면 안 갈 수 있다. 마담이 2차 가라고 하면 생리 중이라는 핑계를 댄다거나 해서 몇 번은 피할 수 있는데, 그것도 한두 번이다. 자꾸 그러면 마담한테 찍히게 되고 나중에는 손님 테이블에 못 끼게 된다.

내 경우에는 어른이 되기 전에 이미 화양리(화양동의 옛 이름) 룸살롱을 거쳤고, 부산의 룸살롱에서도 있어 봤다. 연고도 없는 부산에서 일하게 됐던 건 용산 친구 상숙이 때문이었다. 자기 애인이 부산에 있다며 같이 놀러가자고 해서 갔더니, 세상에나, 그 애인에게는 이미 딴 여자가 있었다. 상숙이는 담담하게, 이왕 왔으니 부산 구경이나 하고 가자고 했다. 같이 놀다 보니 돈이 떨어졌고, 급한 대로 반지를 팔아 썼다. 부산, 재미있는 것도 많고 맛있는 것도 많은 도시다. 사람들은 또 얼마나 화끈한가. 더 머물고 싶었다. 서울에서 누가 우리 기다리고 있는 것도 아니니 돈을 벌어 가면서 더 놀기로 했다.

'달방(한 달짜리 셋방)'을 얻고 룸살롱에 취직했는데 단골이 생겼다. 서너 명이 한 팀으로 왔던 손님 중에서 한 명이 유독 자주 찾아왔다. 돈 많은 40대 유부남이던 그가 솔깃한 제안을 했다. 방을 얻어 줄 테니 일 그만두고 그냥 놀라면서, 자기와 가끔 잠만 자면 된다고 했다. 말하자면 '스폰서'가 되어 주겠다는 건데 술 안 먹어도 되고 잠자리도 가끔 하면 되니 마다할 이유가 없었다. 룸살롱 나간 지 한 달 만에 그만두고 20대에 40대 아저씨를 스폰서 삼아 2년 정도 편하게 살았다. 재력이 있는 사람이라 같이 배를 빌려 놀러다니기도 했다. 문제는, 너무 편하니까 나중에는 그것도 재미없고 시들해지는 순간이 오더라는 것이다. 마침 집안에 무슨 일이 생겨 서울에 올라가야 했다. 올라올 때 말없이 왔고, 그렇게 연락이 끊겼다. 언제든 끝날 수 있는, 또는 끝낼 수 있는, 피차 부담없는 관계였다. 어차피 정이 없었으니까.

그 사람뿐만 아니라 살면서 어떤 남자에게도 정을 느껴 본 적이 없었다. 남자라면 지긋지긋하게만 느껴질 뿐, 아무리 나 좋다고 매달려도 남자들에게 도무지 마음이 가지 않았다. 그저 생존을 위해 남자들과의 관계를 이용했을 뿐이다. 한 번도 남자를 이성으로 느껴본 적 없다는 것이 여자로서 얼마나 불행한 일인지 모른다. 만약 10대 시절에 그런 일을 안 당했더라면, 남들처럼 평범하게 살았더라면, 나도 남들처럼 두근두근 설레는 첫사랑을 했을 텐데…. 또 진정 좋아하는 사람과 서툴지만 가슴 떨리게 첫 경험도 치렀을 텐데…. 또 평생의 반려자를 만나 결혼해서 아이 낳고 키우며 알콩달콩 살았을 텐데…. 평범한 사람들이 살면서 경험하는 연애와 사랑의 다채로운 순간들을 한 번도 누려 보지 못했다. 아, 중학교 때 미술 선생을 잠시 좋아했던 것이 첫사랑이라면 첫사랑일까.

나는 그렇게 부산을 떠나버렸지만, 상숙이는 룸살롱 밴드의 기타리스트와 눈이 맞더니 결국 결혼에 골인했다. 애인을 만나러 부산까지 내려 갔다가 보기 좋게 차이고는 진짜 남편을 만난 것이다. 게다가 총각이었다. 잘 산다는 소식을 얼핏 들었고, 그 뒤로는 피차 연락 없이 산다. 그러니 똑같이 뒷골목 생활을 했어도 상숙이처럼 남자 잘 만나 인생 역전하는 사람도 있는 것이고, 나처럼 내내 뒷골목을 전전하는 사람도 있는 것이다.

화양리 풍경

수십년 전 화양리에는 술집도 많았고 룸살롱도 많았고, 거기서 일하는 아가씨들도 수두룩했다. 나를 포함해 아가씨들은 일명 '빠순이 아파트'라는 곳에 세를 얻어 살았다. 복도 양쪽으로 방이 쭉 늘어서 있는 구조인데 아가씨들은 그 방에서 잠만 자고 출퇴근했다. 방세를 아끼기 위해 보통 두세 명이 한 방을 썼고, 욕실과 화장실은 공동으로 사용했다. 당시 화양리에 그런 건물이 여러 채 있었다.

개중에는 남녀 커플도 있었는데, 아가씨와 웨이터가 같이 사는 경우가 많았다. 그들을 연인 관계로 보기는 어려웠다. 정말 사랑하는 연인이라면, 여자가 술집에 나가는 것을 남자가 내버려뒀을 리 없으니까. 남자인 웨이터는 말하자면 기둥서방인 거였고, 내가 경험한 바에 따르면 기둥서방들은 한마디로 인간 기생충이나 마찬가지였다. 기둥서방들은 여자로 하여금 생활비와 용돈을 부담하도록 했고, 심지어 따로 사는 본처의 생활비까지 요구했다. 이해할 수 없는 것은, 어떤 아가씨들은 그렇게 이용당하고 갈취당하면서 폭행까지 당하고 살더라는 것이다. 맨날 맞고 사는 것이 보기 안쓰러워 빨리 도망가라고 했더니, 그녀들은 고개를 저었다. 그 이유가 기가 막혔다. 한 번 때리고 나면 엄청 잘해 준다면서, 한 번씩 맞고 싶다고 했다. 안 때리면 일부러 맞을 짓을 한다고도 했다. 미쳤냐는 소리가 절로 나왔다. 잘해 준다는 게 뭘 어떻게 잘해 준다는 건지 궁금했는데, 별것도 아니었다. 약 발라주고 꽃다발 사 오는 것이 고작이었다.

그런데 이렇게 커플이 되었을 때 한 쪽이 다른 쪽을 착취하는 관계는 꼭 남녀 사이에서만 일어나는 것은 아니었다. 나도 경험한 일이지만 동성 커플에서도 마찬가지였다. 난 동성들에게 인기가 있는 편이었다. 나도 남자를 사귀는 것보다 낫다고 생각해서 동성을 사귀곤 했다. 남자와의 육체관계가 너무 아프고 싫었기 때문이다.

한참 후에 성당에서 고해성사하면서 신부님에게 이 얘기를 털어놓은 적이 있다. 몸이 굳어서 너무 아프고 힘들다는 말을 어렵게 꺼냈는데, 그러면 그런 사람과 관계하는 상대방은 얼마나 힘들었겠냐는 대답에 머리가 띵해졌다. 내 아픔만 생각하지 말고 상대방도 생각하라는 충고였다. 정말 맞는 말이었다. 그동안 나만 힘들다고 생각했지, 상대방도 힘들 거라는 생각은 조금도 안 해봤으니까.

불행만 안겨 준 첫 결혼

남자와 결혼해서 부부로 사는 것은 일찌감치 포기한 일이었는데, 예상 못한 변수가 등장했다. 30대 초에, 엄마가 혈압으로 쓰러져 오늘내일하시게 되자 엄마의 '마지막 소원'을 들어드려야 하는 상황이 됐다.

업소에서 함께 일한 적이 있는 친구가 자기 시동생을 소개해 줬다. 의처증으로 이혼했고, 전처와의 사이에 아들이 하나 있는 남자였다. 친구는 이혼 사유를 알고 있으면서도 나한테 소개했는데, 아이를 못 낳는 큰형에게 아들을 양자로 보내는 조건이었다. 내키지 않는 결혼이었지만 엄마 뜻에 따랐다.

남편이 날 감시하느라 늘 붙어 다녔기에 남들 눈에는 잉꼬부부로 보였겠지만, 의처증으로 말도 못하게 고생했다. 의처증은 치료받아야 하는 병이었다. 한 번이라도 전화를 받지 않으면 집으로 달려왔고, 시누이와 같이 봉제 공장에 다닐 때도 남자가 있는 게 분명하다며 계속 시비를 걸었다. 남편의 의심을 잠재우기 위해 아예 남편이 일하는 현장에서 같이 일하기도 했다. 시아버지가 돌아가신 후 쓸쓸하실 시어머니가 걱정되어 시어머니댁에서 지내기로 한 것도 의심의 여지를 없애기 위해서였다. 그런데 무슨 변덕이 들었는지 남편은 갑자기 집에 가겠다고 우기기 시작했다. 그렇게 시어머니댁 현관을 나서면서 싸우기 시작해 두 달 내내 계속 싸웠다. 남편은 일도 안 나가고 낮이건 밤이건 나를 감시했고, 내가 집을 나가려 하면 잡아끌어 주저앉혔다.

살아도 사는 게 아닌 이런 결혼 생활을 끝장내려면 도망치는 수밖에 없었다. 어느 날 남편이 담배 사러 간 사이에 주민등록증과 돈 몇 푼을 들고 뛰쳐나와 죽어라 뛰었다. 친정에도 연락 안 하고 죽은 듯이 있다가 석 달 만에 엄마에게 연락했다. 이를 안 남편이 나를 찾겠다고 난리를 피워 2년 동안 숨어 있었다. 2년 만에 이혼해 주겠다고 연락이 왔는데, 행여 해코지당할까 봐 두려워 법원에 갈 때 군에서 휴가 나온 조카와 같이 갔다.

비록 결혼 생활은 비극으로 끝났지만, 그래도 아버지 살아계실 때 손잡고 신부 입장해 식을 올렸으니 그것으로 작은 효도를 한 거라 여기고 싶다.

첫사랑의 그림자

이혼은 했어도 전남편은 나를 계속 못살게 굴었다. 그를 피해 도망 다니다 어떤 아가씨를 알게 되었는데, 약에 중독된 그녀를 볼 때마다 첫사랑 순주가 생각났다. 그녀를 살려야겠다는 생각에 그녀를 따라 인천의 뒷골목으로 갔다. 그녀가 손님을 데려오면 내가 손님을 받는 식으로 생활했다.

함께 살면서 극복해 보려 했지만 상황은 나아지지 않았다. 그녀의 조울증이 심해져 입원 치료가 필요했다. 가족이 아닌 사람도 보호자로 입원시킬 수 있다는 것을 순주와 헤어지고 난 후에 알았다. 당장 나를 보호자로 등록하고 그녀를 입원시켰다. 가족에게 알리려고 해도 그녀는 부모 집도 기억하지 못하는 지경이었다. 파출소에 가서 자초지종을 설명하고 도움을 받아 부모에게 연락하는 한편, 그녀가 정신장애 판정을 받아 기초 생활 수급자로 선정될 수 있도록 이리저리 뛰

내가 좋아하는 꽃

어다녔다. 다행히 병이 호전되어 퇴원했다. 이제 수급자 지원금이 나오니 일하지 말라고, 일은 내가 할 테니 살림만 하라고 당부했다.

약을 계속 먹는데도 증세가 다스려지지 않았다. 과복용과 오복용이 원인이었다. 그 문제만으로도 벅찬 상황인데, 그녀는 나를 더욱 힘들게 했다. 알고 보니 그녀는 수급자 지원금을 모두 목사인 자기 동생에게 보내고, 내가 버는 돈을 생활비로 쓰고 있었다. 그녀가 미워지기 시작했다. 게다가 내가 힘들게 일해서 버는 돈으로 이 사람 저 사람에게 막 퍼주고 있다는 것도 알게 되었다.

배신감에 속이 쓰려 왔다. 그녀에 대한 마음을 정리하는 데는 오래 걸리지 않았다. 헤어지면서 병원 치료 보호자를 동생으로 바꾸고, 내 명의로 되어 있던 전셋집을 그녀 명의로 변경해 주었다. 한때나마 함께했던 사람에 대한 마지막 배려였다.

그 후, 그녀는 미련이 남았던지 약에 취한 모습으로 내가 일하는 곳에 찾아왔다. 다시 만나고 싶다고 연락도 몇 번 더 왔지만 받지 않았다. 헤어지며 내가 해 준 것으로 다른 여자한테 퍼주고 있다는 소문도 들은 데다, 지금의 남편을 만난 후였기 때문이다. 보고 싶지 않았다. 무엇보다도, 이미 떠난 마음을 무슨 수로 되돌린단 말인가.

그런데 잘해 주면 왜 여자들은 다 나를 이용할까….

짝꿍 만나 결혼하고,
부산으로 이사하고

이야기가 흘러 '지금의 남편'에까지 이르렀다. 뒷골목에 있던 나를 각시 삼고 싶어 한 남자. 부부 되어 같이 살자고 한 남자. 알콩달콩 사는 행복을 안겨 준 남자. 하지만 지금은 소원해진 남자.

남편은 처음에 손님으로 만났다. 그때 내가, 누가 돈 좀 벌어다 주면 그 월급 갖고 살았으면 좋겠다고 술주정을 했다고 한다. 손님 상대하는 게 너무 지겹고 힘드니까 푸념삼아 한 소리였을 텐데, 나로선 기억에 없는 일이다. 남편이 나중에 얘기해 줘서, 그랬나 보다 할 뿐.

첫 만남의 순간을 떠올리면 솔직히 남자로서 끌리는 구석은 전혀 없었다. 약간 '얼평'을 하자면, 봐 줄 만한 인물이 전혀 아니었다. 나중에 엄마가 예비 사위를 만나 보고는 왜 이렇게 못났냐는 말을 하셨는데, 남편에게 그 얘기를 그대로 전했으니 나도 참 못된 성미인가.

그는 내가 마음에 들었는지 같이 살자면서 자기 신용카드를 주었다. 난 같이 살 생각이 없었으니까 '호빠'에서 그 카드를 썼다. 돈을 대줄 테니 옷가게를 해 보라고 했을 때는, 옷가게를 열었다가 나중에 도망가면 되겠다고 생각했다. 그는 시종일관 진지했지만, 나는 아니었다. 좋아서 만난 게 아니니 처음에는 정말 이용이나 하고 말 생각이었는데, 남편이 살아온 이력을 알게 되었다. 알고 보니 그는 나보다 더 불쌍한 사람이었다. 화재로 집안 형편이 어려워져 어린 시절 여동생과 보육원에서 자랐고, 결혼에 실패해 이혼하고 자식들(남매)과도 거의 연락 없이 살고 있었다. 당시 전역이 얼마 남지 않은 직업 군인이었는데, 순하고 차분한 성격에 말수가 적었으며 술도 마시지 않았다. 나보다 아홉 살 연상이라는데, 실제 나이는 그보다 많을지도 몰랐다. 그가 어떤 사람인지, 어떻게 살아왔는지 알게 되자 연민의 감정이 싹트기 시작했다. 이 남자라면 서로 상처를 보듬어 주며 오순도순 살아갈 수 있겠다 싶었다. 물론, 나름의 계산도 있었다.

'그래, 연금이 나오니까 보험 하나 들었다 치고 결혼할까?'

그가 전역하면 연금이 나온다는 것도 중요한 사실이긴 했다. 마침내 2004년에 혼인 신고하고 중년의 신혼부부가 되었다. 서울에서 신혼 살이를 시작했지만, 살림살이는 팍팍하기만 했다. 남편이 이혼할 때 위자료를 주느라 대출받은 게 있어 빚이 많았다. 그 빚을 갚기 위해 한 달 생활비로 60만 원만 쓰면서 악착같이 저축했다. 1년 만에 빚 5천만 원을 다 갚고, 다시 또 저축해 1년 만에 5천만 원을 모았다. 그 돈으로 결혼 2년 만에 부산에 집을 사서 이사했다. 남편의 전역과도 시기적으로 맞아떨어졌다. 퇴역 군인에게 주는 연금이 매달 400만 원 가까이 나왔다. 경제권이 내게 있으니 매달 적금을 붓기 시작했다. 이제는 정말 미래를 꿈꿔도 되겠다고, 이제는 그럴 수 있겠다고 생각했다.

부산에 내려간 후 남편은 주로 낚시로 소일하며 지냈다. 남편은 부엌살림에 취미가 있는지 슬슬 주방에 들어오기 시작했다. 이때다 싶어 주방 일을 남편에게 넘기고, 빨래와 청소만 맡아 했다. 남편이 바다에 갈 때 가끔 따라가 웅덩이 비슷한 곳에서 낙지며 해삼이며 바지락 등을 잡는 것이 작은 즐거움이었다. 손질해 말려 놓고 두고두고 먹고 서울 엄마한테도 보내드렸다. 특히 막달레나의집에 갈 때 갖고 가면 다들 쌍수를 들고 환영했다.

막달레나의집을 알게 된 건 의처증 남자와 결혼하기 전, 용산에서 친구 옥자를 따라 드나들면서부터다. 처음 갔던 날 여럿이 둘러앉아 색깔도 제각각인 플라스틱 그릇에 잔치국수를 먹은 기억이 난다. 어색해서 그랬는지 무슨 맛인지도 모르고 먹었다. 그 전에는 이옥정 대표도 얼굴만 아는 정도였고, 막달레나의집이 뭐 하는 곳인지도 몰랐다. 차츰 얼굴 보는 횟수가 늘면서 막달레나의집에 대해서도, 이 대표에 대해서도 조금씩 알게 되었다. 결혼과 함께 용산과 완전히 연을 끊으면서 막달레나의집과도 연락이 끊겼다가, 이혼 후 전남편을 피해 다니다 다시 용산에 왔을 때 막달레나의집이 청파동으로 이사 오면서 조금씩 드나들며 가까워졌다. 그 무렵 지금의 남편을 만나고 막달레나의집에도 왕래하면서 미래에 대한 희망을 조금씩 품게 되었던 것 같다. 남편과 결혼해 부산에 내려가서는 두세 달에 한 번씩 올라와 막

남편과 함께한 낚시

조개 캐는 모습

달레나의집에서 2박 3일씩 지내다 갔다.

그때 해산물 잡던 그 웅덩이가 낚시로 치면 '포인트' 같은 곳이었는데, 안타깝게도 해수욕장 만든다고 메워 버려 지금은 갈 수 없게 되었다. 부산에서 남편은 낚시로 시간을 보냈지만, 나는 길도 모르고 친구도 없으니 주로 집에 있었다. 얼마나 '집순이'로 살았는지, 내 손으로 현관문을 여는 일이 한 달에 한 번이 될까 말까 할 정도였다.

분노 유발자가 되어버린 남편

매일 집에만 있는 나를 보고 남편이 이러다 우울증 걸리겠다며 강아지 한 마리를 사 왔다. '살아있는 것'이라 돌보는 데 제법 손이 많이 갔다. 매일 먹이고 씻기고 산책시키다 보면 하루해가 짧을 정도였다. 개를 키우려면 견주도 부지런해야 한다는 걸 알게 되었다. 강아지 덕분에 삶에 활기가 도는 듯했지만, 병치레를 많이 해 속을 끓였다. 강아지의 피부 질환으로 바깥 산책도 포기하게 되면서 다시 또 집에 틀어박혀 지냈다. 강아지는 결국 13년 만에 우리 곁을 떠나갔다.

그래도 강아지가 있었을 때까지만 해도 남편과 대화도 많이 나누었고 사이도 좋은 편이었다. 그렇게만 계속 쭉 갔더라면 내 인생 후반은 틀림없이 장밋빛이었을 것을, 이제부터 좀 '사람처럼' 사나 했더니, 남편이 '지랄병'이 나면서 일은 또 한 번 틀어졌다.

남편과 사이가 나빠지기 시작한 건 2019년경 코로나19 터지기 직전이었다. 발단은 남편을 흔들어놓은 '바람'이었다. 바람! 확실한 물증은 없어도 정황 증거는 차고 넘쳤다. 남편은 온갖 핑계를 대고 밤에 외출했고, 새벽에 깨어 보면 집에 없었다.

누군가에게 마음을 뺏기면 몸만 가는 게 아니라 돈도 가는 법이다. 남편은 이런저런 명목으로 통장에서 몇천만 원씩 빼내 갔다. 그렇게 증발한 돈이 1억이 넘었다. 어디에 썼냐고 물어보면 돌아오는 대답이 상식적이지 않았다. 신세 진 사람들에게 줬다고도 하고 노숙자들에게 술을 사 줬다고도 했다. 한 번은 딸이 암에 걸려 병원비를 대야 한다기에, 병원에 같이 가자고 하니, 그건 또 아니라고 했다.

남편이 안겨 준 배신감을 어떻게 표현할 수 있을까. 그것은, 다 잡았다고 생각한 파랑새를 눈앞에서 놓쳐 버린 상실감 혹은 절망감 같은 것이었을까. 엉망진창 같던 과거를 떨쳐 버리고 이제부터라도 평범한 행복을 누리며 살고 싶었는데…. 모든 것이 사막의 신기루였던가 싶었다.

그런 남편을 견딜 수 없어 집에서 쫓아냈다. 현관 비밀번호가 바뀌어 있자 남편은 방충망을 뜯고 들어왔고, 경찰이 출동하는 해프닝까지 벌어졌다.

남편은 '바람'에 혼이 나간 듯 몇 년간 온갖 '지랄'을 하면서 내게 상처를 주었는데, 그 '바람'이 기세가 다했는지 이제는 좀 잠잠해진 상태다. 상대가 누구였는지는 끝내 모른다.

술 못 마시는 남편을 만났기에 술을 자제하고 살았는데 그 일을 계기로 매일 마시게 됐다. 남편에 대한 분노가 하늘을 찌를 때는 과음도 많이 했지만, 그래봤자 내 몸만 망가지는 거라 술을 줄이고 있다. 요즘은 매일 저녁 소주 한 잔 들이키며 스트레스를 푼다.

한 가지 우스운 것은, 술은 입에도 안 대는 남편이 내가 먹을 술과 안주를 늘 대령해 놓는다는 사실이다. 때로는 바다에서 잡아 온 낙지를 안주로 내놓기도 한다. 한창 '바람'에 정신 못 차릴 때는 나 몰라라 하더니 '바람'이 잠잠해지면서 달라진 모습이다. 같이 먹지도 않으면서 그러는 남편을 보면 참 의아하다. 어떨 때는 '나를 알코올 중독자 만들려고 하나?' 하는 실없는 생각이 들기도 한다.

술상뿐만 아니라 밥상도 함께하지 않은 지 오래다. 식탁에 마주앉는 때는 남편이 유일하게 먹는 육류인 소고기를 구울 때뿐이다. 사용하는 공간도 분리되어 있다. 거실을 내가, 안방을 남편이 차지하고, 각자 따로따로 지낸다. 집 안에 보이지 않게 경계선이 그어져 있는 셈이다. 마치 영역 동물들이 서로의 영역을 침범하지 않듯이…. 한집에 살되 서로 간섭 없이, 대화도 없이, 그렇게 살고 있다.

분노와 무력감이 인간의 영혼을 갉아먹는다는 것을 직접 체험하게 됐다. 정적 속에 흐르는 건 평화가 아니라 적의다. 남편은 나의 분노 유발자가 되어버려, 남편을 볼 때마다 울화가 치밀어오르면서 술을 찾게 된다. 언제부턴가 성격에도 변화가 왔는지, 먼지가 눈앞에 보여도 청소를 안 하고 미루곤 한다. 뭐든지 제자리에 있어야 직성이 풀렸는데 그런 면에서도 느슨해져서 마냥 내버려 두고 만다. 차라리 나이가 들어 마음에 여유가 생긴 것이면 좋으련만, 일종의 의욕 상실 상태가 되어버렸다.

한때 경제 공동체로서 함께 저축하고 미래를 계획하던 것도 이젠 희미한 옛 추억이 되어버렸다. 매월 나오는 연금을 남편이 어디에 어떻게 쓰고 있는지 전혀 알지 못한다. 경제권을 주는 것은 고사하고, 집안 살림 돌아가는 내용조차 공유하지 않는 것은 나를 배우자로 여기지 않는다는 것 아닌가. 모욕감이 밀려온다. 의미 없는 결혼 생활을 언제까지 계속해야 할까. 이렇게 사느니 차라리 헤어지는 게 서로 낫지 않을까. 속 시원히 속을 내보이지도 않으면서 이혼은 거부하는 남편. 그는 나와 왜 사는 걸까….

나의 해방구,
막달레나의집

이런 나에게 해방구가 되어 주는 곳이 있으니 바로 막달레나의집이다. 한 달에 한 번 서울에 올라와 막달레나의집에 머물다 가는 그 며칠만큼은 현실을 잠시 잊을 수 있다. 불간섭주의자가 되어버린 남편은 매달 나의 며칠 간의 부재에 대해서도 특별히 뭐라 하지 않는다. 게다가 비용도 순순히 대준다.

막달레나의집에 와서 특별히 하는 일이 있는 것도 아니다. 여느 여자들이 친정 나들이 와서 친정엄마, 자매들과 시간을 보내듯이 그렇게 지내다 간다. 물론 술과 100원짜리 고스톱이 빠지지 않는데, 그렇게 노는(?) 우리가 이옥정 대표 눈에는 철없는 동생들처럼 귀여워(?) 보이는 모양이다. 말로는 여기를 술집으로 아느냐고, 여기만 오면 다들 술 먹을 궁리만 한다고 타박하면서도 얼굴엔 유쾌한 미소가 떠나지 않으니 말이다.

막달레나의집에 처음부터 지금처럼 자주 왔던 것은 아니다. 2006년 부산에 내려간 이후 두세 달에 한 번씩 오던 것이, 이옥정 대표가 이왕 오는 김에 매달 열리는 후원 미사에 참석할 것을 권하면서 일이 여러 모로 커져 버렸다.

기독교 가정에서 자랐으면서도 하느님을 부정했던 나, 그렇게 매달 미사에 참석하게 되면서 없었던 신심이 조금씩 자라나기 시작했다. 처음부터 교회를 멀리했던 것은 아니었다. 부모님에 대한, 그리고 부모님이 믿는 하느님에 대한 반감으로 교회에 발을 들이고 싶지 않았을 뿐이다. '사랑의 하느님'이라는데, 그런 하느님을 믿는 부모님이 정작 나의 아픔은 이해해 주지 않았으니까. 아니, 하나님이 있다면 어떻게 나를 이렇게 만들겠나, 어떻게 나한테 이렇게 하겠나 싶어서 하나님은 없다고 생각했다. 하나님의 존재를 믿을 수 없었다. 그런데 가랑비에 옷 젖듯이 매달 미사에 참석하며 생각이 조금씩 바뀌기 시작했다. 신부님들이 우리를 인간적으로 대해 주고 존중하고 배려해 주는 모습을 보면서, 그러면 하나님을 한번 믿어볼까 하는 생각이 슬금슬금 들게 된 것이다.

한편으로는 처음 부산에 내려가 지루하게 시간을 보낼 때 이옥정 대표가 성경책과 노트를 사 주면서 심심할 때 써 보라고 한 것도 큰 도움이 되었다. 처음에는 쳐다도 안 봤고 몇 년이나 그냥 내버려뒀는데, 고맙게도 이 대표도 재촉하지 않았다. 그러다 어느 날 성경책을 집어드는 순간이 문득 찾아왔다. 첫날, 많이 썼다고 생각했는데 다 쓰고 보니 달랑 한 페이지였다. 이걸 언제 다 쓰나 싶어 아득했지만 밀

'판도라' 모임의 사진 치유 프로그램 중.

린 숙제를 하듯이 다음날도, 그다음 날도 쓰고 또 썼다. 아침 먹고 쓰고, 점심 먹고 쓰고, 저녁 먹고 쓰고, 책상을 끌어안고 수시로 썼다. 쓰기 싫으면 책상을 쓱 밀어 놨다가 내키면 다시 쓱 당겨 앉았다. 갑자기 펜을 잡고 종일 글을 쓰니 손가락이 아파 왔다. 펜 잡는 것이 차츰 손에 익으면서 더는 안 아팠지만, 성경을 물리 치료까지 받아가며 쓴 사람이 나 말고 세상에 또 있을까 싶다.

마침내 신약과 구약까지 필사를 다 해냈다. 그때부터 성경책을 읽고 필사하는 것이 내 주된 일과가 되었고, 그 후 가톨릭 성서 교리 교육을 거쳐 세례를 받을 수 있었다. 나중에 성경 필사로 주교님한테 상도 받았다. 기독교 집안에서 자랐어도 교회와는 철저히 담 쌓고 살았는데 이옥정 대표가 사 준 성경책이 변화의 계기가 된 셈이다.

사진과 함께한
통쾌한 속풀이

매달 올라와 미사에 참석하게 되면서 자연스럽게 '판도라 사진 프로젝트'도 함께하게 되었다. 머잖아 철거될 용산 집결지를 '우리'가 직접 사진으로 찍어 기록하는 프로젝트라고 했다. 남들보다 늦게 합류한 대신에 한 번도 안 빠지고 출석 도장을 찍었다. 사진을 잘 찍었는지는 모르겠지만, 누구보다 많이 찍고 열심히 찍은 성실한 멤버였다고 자부한다. 사진 작업에 열의가 있었다기보다는 어울릴 사람들이 있고 소속감을 느낄 수 있다는 것이 좋았다. 소속감이란 것을 느껴 본 것이, 살면서 아마 처음이 아니었을까. 어딘가에 속해 있다는 느낌, 타인들과 연결되어 있다는 느낌, 여럿이 한 팀이 되어 같은 목표를 향해 나아가고 있다는 느낌 말이다.

각자 한 달 동안 찍어 온 사진을 놓고 같이 얘기하다 보면 사진 얘기는 잠깐이고, 딴데 어디서도 못 하는 얘기를 맘껏 할 수 있었다. 가슴에 묻어 두고 살았던 온갖 얘기들이 봇물 터지듯이 터져나왔다. 우리는 사진을 핑계로 수다를 떨고 술잔을 나누며 서로의 삶을 응원했다.

그 시간을 고대하며 막달레나의집에 가기 일주일 전부터 보따리를 쌌다 풀었다를 반복했다. 일주일 전부터 그렇게 혼자 전야제를 즐겼다. 남편은 그때마다 보따리 좀 그만 싸라는 핀잔을 주곤 했는데, 남편이 말하길, 막달레나의집에 갈 때가 되면 말투가 퉁명스러워지고, 갔다 오면 말투가 상냥해진다고 했다. 실제로 서울에 올라갈 때면 미리부터 마음이 들떴고, 서울 다녀오고 나면 한동안 기분이 좋았다. 요즘 유행하는 표현을 빌리면 막달레나의집이 '신경 안정제' 역할을 해준 셈이다.

그렇게 몇 년을 열심히 한 결과, 우리의 작품 활동은 미국과 홍콩의 여러 대학에서 열린 초청 전시회와 단행본 출간으로 이어지는 결실을 거두었다. 얼마나 자랑스러운 일인가. 그런데 사진 프로젝트가 끝나갈 무렵 사고를 치고 말았다. 판도라 모임과 연구위원들이 함께 놀러 갔던 날, 누군가 이제 '대녀 모임'으로 바꾸자는 의견을 냈다. 당시 나만 세례를 받지 않아 나만 대녀가 아니었기에 그 말을 나만 빠지라는 뜻으로 받아들였다. 나만 소외시키려는 것인가? 내가 그 모임에 보였던 열정과 애착을 송두리째 부정하는 것인가? 억울하고 분해서 참을 수 없었다. 기분이 확 상한 나머지 그 말을 꺼낸 언니랑 대판 싸우고 말았다. 나중에 사과하고 겨우 수습했지만, 그만큼 판도라 모임과 막달레나의집에 느끼는 소속감이 컸기에 벌어진 일이었다.

나이만 먹은 어린아이 같아

이처럼 가끔, 몸뚱이만 자란 어린아이처럼 굴 때가 있다. 언제였나, 언니 집에 갔다 오는 길에 차비가 없어서 화곡동에서 용산까지 걸어온 적이 있다. 언니네 가는 길에 지갑을 잃어버렸으니 언니한테 차비 좀 달라고 해도 되었건만 "언니, 나 차비 없어. 차비 좀 줘" 그 말을 결국 입 밖에 꺼내지 못했다. 남도 아니고 친언니인데 뭐가 그리 어려웠을까. 숫기 없는 성격이라 더 그랬는지 모르지만, 남과 소통하는 데 서툰 탓이었다.

때로는 내가 나이만 먹은 어린아이 같다는 생각이 들기도 한다. 마치 내 인생의 비극이 시작되었던 그때 그 나이, 열대여섯 살에 모든 정신적 성장이 멈춘 것만 같다. 지금 60대가 되어서도 내 마음속 자아는 여전히 겁 많고 수줍은 10대 소녀일 뿐이다. 실제로 살면서 식당이나 옷가게에서 혼자 음식을 사 먹거나 혼자 물건을 골라본 적이 없다. 혼자 뭘 해야 하는 상황이 닥치면 늘 주저하고, 숨어 버린다. 혼자 주체적으로 결정하고 행동하는 것이 너무나 힘겨운 일이라 그런 상황을 피할 수만 있다면 최대한 피하려 한다. 뭔가를 처음 해 보는 것도 그에 못잖게 두렵고 스트레스 받는 일이다. 스마트하기 이를 데 없다는 요즘 핸드폰도 그 기능을 다 쓰지 못하고 전화와 문자 정도만 겨우 쓰고 산다. 더 이상 배우는 것도 겁날 뿐더러 더 알고 싶지도 않기 때문이다.

남이 이끌면 따라가는 건 가능한데 내가 주도적인 위치에 서는 건 도저히 자신없다. 뒷골목에서는 비록 우물 안 개구리였어도 내 마음대로 하고 살았는데 사회에 나와서는 모든 게 두렵기만 하다. '이곳'은 '그곳'과 전혀 다른 세상이니까.

요즘엔 비행기 타고 해외에 나가는 것이 아이들에게도 드문 경험이 아니지만, 뒤늦게 사회에 나온 나는 그것도 중년에야 처음 도전해 볼 수 있었다. 뒷골목 생활만 하고 살았기에 외식 같은 것도 해 본 적이 없었으니 비행기 타고 어디 가는 건 말할 것도 없었다. 처음 비행기를 타본 것이 판도라 사진 프로젝트 당시 쉼터 사람들과 제주도에 갔을 때다. 쉼터 멤버가 아닌데도 끼워 준다고 해서 얼른 간다고 했다. 가기 전날, 너무나 설레서 뜬눈으로 새우다시피 했다. 고소 공포증이 있어서 좀 걱정했지만 막상 타니까 아무렇지 않았다. 처음 타 본 비행기, 처음 가 본 제주도. 모든 것이 신기했고 매순간 즐거웠다. 제주도의 풍광도 멋졌지만 여기저기 돌아다니면서 맛난 음식을 사 먹는 기쁨이 얼마나 크던지. 제주 여행 이후 외식을 자주 하게 되었다.

제주 여행을 다녀온 뒤 이옥정 대표의 권유로 해외 성지 순례에 갈 기회도 있었는데 성급한 판단으로 포기하고 말았다. 갑자기 남편이 수술하게 되는 바람에 덜컥 취소한 것인데, 한 달 뒤에나 떠나는 일정이었기에 괜히 취소했다 싶어 두고두고 후회했다. 좋은 기회를 놓친 것이 아쉬웠지만 한편으로는 내가 성당에 다니지 않아서 그리 된 것이 아닌가 하고 스스로 조용히 돌아보았다. 원래 성지 순례는 하나님이 불러 줘야 가는 거라고 하지 않던가. 언젠가는 그 부르심을 받을 때가 오겠거니 하고 믿고 기다렸다.

마침내 기다림에 응답이 있어 2017년에 세례 받고 2018년에 견진 성사 받고 2019년 6월에 막달레나의집 식구들과 성지 순례를 처음 다녀올 수 있었다. 11박 12일의 빡빡한 일정이었지만 '이런 세상도 있구나' 놀라면서도 그저 즐겁고 행복했다. 모든 순간이 다 좋았다. 단, 너무나 불결했던 프랑스 파리는 다시 가고 싶은 마음이 들지 않았다. 그 외에도 막달레나의집 식구들과 성지 순례를 여러 차례 다녀왔다. 아시아와 유럽 곳곳을 다니며 함께 애틋한 추억을 만들었으니, 진정 귀하고 값진 순간들이었다.

상처를 정면으로 바라보려는 용기

막달레나의집은 나에게 과거의 상처를 마주할 수 있는 계기를 마련해 주었다. 수십 년간 나를 옥죄었던 가족 성폭력의 그늘에서 벗어날 수 있었던 것도 막달레나의집 덕분이다.

청파동에서 막달레나 연구소 선생님들을 처음 만난 날이다. 자리를 마련한 이옥정 대표가 그동안의 이야기를 편하게 다 풀어놓으면 된다고 했다. 두 분에게 집을 나오게 된 경위를 말하다 보니 오빠에게 성폭행 당한 이야기를 하게 되었다. 막달레나의집과 이옥정 대표에 대한 믿음이 있으니까 말할 수 있었다. 수십 년간 가슴 속에 묻어 뒀던 이야기, 끔찍한 비밀이던 그 이야기를 입 밖으로 꺼내고 나니 기적처럼 마음이 조금씩 풀리기 시작했다.

마장동에 있을 때 연주라는 친구가 자살을 시도한 것을 발견해 병원으로 옮긴 일이 있었다. 다행히 목숨을 건졌는데, 연주가 겪은 비극도 나와 유사했다. 아버지에게 성폭행 당해 집을 나왔다가 정상적으로 살지 못하고 결국 화류계로 흘러 들어온 사연이었다. 나중에 아버지가 동생에게까지 마수를 뻗치자 동생을 데리고 나왔다고 했다. 연주의 이야기를 들으면서도 나는 용기가 없어 말하지 못했었다. 차마 남에게 드러낼 수 없는 일, 필사적으로 숨겨야 하는 일로 여겨왔으니까.

아버지가 딸을, 오빠가 동생을, 삼촌이 조카를… 알고 보면 드물지 않은, 어쩌면 생각보다 흔한 이야기일지도 모른다. 가족에게 몹쓸 짓을 당하고 뒷골목으로 흘러 들어온 나 같은 경우가 또 있으리라고는 생각지 않았는데… 나만 그런 줄 알았는데…. 아니었다. 그것만으로도 큰 위로가 되었다.

연주나 나나 똑같이 피해자인데 연주는 스스로 죽으려 했고 나는 상대방을 죽이고 싶었다. 어쩔 수 없이 가족 모임에서 오빠를 보게 되면 칼로 찌르고 싶은 충동을 느낄 때가 있었다. 그런데 그날 청파동에서 이야기를 입 밖으로 꺼낸 후로는 가슴 속에 응어리져 있던 것이 조금씩 풀리면서, 정면으로 맞서 보려는 용기가 생기기 시작했다. 어느 날 엄마와 오빠에게 전화했던 그날, 옛날 일을 끄집어내 따질 수 있었던 것이 술기운 때문만은 아니었다. 그때 왜 그랬냐고… 어떻게 그럴 수가 있냐고… 그때 내가 얼마나 힘들었는지 아냐고… 그 뒤로 내가 얼마나 고생했는지 아냐고….

한참의 침묵 끝에 전화기 건너, 미안하다는 말이 들려왔다. 내가 말을 꺼내기 전에, 그쪽에서 먼저 미안하다 했더라면 얼마나 좋았을

좋아하는 야구를 보면서 한 잔_무료한 일상을 보내는 나만의 방법

까…. 비록 내가 먼저 이야기를 꺼내 사과를 받아냈지만, 그래도 아무 일도 일어나지 않은 것보다는 백배 천배 나았다. 긴긴 시간 곪은 채로 방치되어 있던 마음의 상처가 그제야 조금 아무는 것 같았다.

막달레나의집에서 내 잘못이 아니라고 얘기해 주지 않았더라면, 나 말고도 그런 피해자가 많다는 것을 알려 주지 않았더라면, 아마도 죽을 때까지 나 혼자 끙끙 앓았으리라. 기억에 떠올리는 것조차 싫던 그때 그 일을 입 밖으로 꺼내어 오빠한테 따질 수 있을 만큼 난 충분히 용감해져 있었다. 그 용기가 대체 어디서 나왔을까. 두말할 것도 없이, 막달레나의집이, 막달레나의집 식구들이 그 바탕이었다. 그런 극적인 변화가 일어나도록 판을 깔아 준 것이 바로 막달레나의집이다. 막달레나의집을 통해 일종의 정신과 치료를 받은 셈이고, 막달레나의집이 나를 살린 거나 마찬가지다. 덕분에 지금은 그 문제에서 많이 자유로워졌다.

더불어 엄마에 대한 미움도 서서히 옅어져 갔다. 엄마가 미워서 한때는 멀리하고 살지 않았던가. 정 그리우면 몰래 가서 훔쳐보고 올망정…. 가족들은, 자세히는 몰라도 내가 무슨 일을 하는지 대충 짐작은 하고 있었다. 대방동 부녀 보호소와 동부여자기술원에 있었던 것도 알고 있었고, 경양식집 웨이트리스로 일할 때와 화양리 룸살롱에 다닐 때 큰오빠가 내 뒤를 밟기도 했으니까. 그때는 경양식집에서도 '2차'가 흔한 일이었다.

스무 살이 안 되었을 때, 즉 미성년자일 때 화양리 룸살롱에 나간 적이 있다. 양장점에서 일한다고 거짓말을 하고 엄마한테 생활비에

쓰시라고 10만 원을 드렸다. 그때 10만 원이면 제법 큰돈이었다. 그날 큰오빠가 내 뒤를 쫓아온 것을 뒤늦게 알았다. 방까지 뒤따라온 오빠는 뭔가 알 것 같다는 표정으로 이렇게 말했다.

"야, 여기가 너 사는 방이야?"

립스틱 묻은 담배꽁초가 재떨이에 있는 것을 오빠가 고스란히 다 봤다. 아무것도 모르는 큰오빠는 엄마한테 비밀로 할 테니 집에 들어오라고 했지만, 들어가지 않았다. 아니, 들어갈 수 없었다. 작은오빠와 한집에 산다는 것은 있을 수 없는 일이었다. 그러고나서 큰오빠가 엄마한테 뭐라고 얘기했는지는 모르겠지만, 엄마는 10만 원을 도로 주시면서, 네 돈 안 받는다고, 네 돈 필요 없다고 했다. 엄마는 내가 술집에 있었던 것을 알았을 거다. 아니, 알고 있었다고 확신한다. 이미 오래 전에 같은 교회 권사를 통해 동부여자기술원에 있던 나를 데려왔으니까, 그때 이미 뒷골목 얘기를 들었을 게 분명했다.

가족과 있을 때도 편하지 않은 이유

엄마는 지금 95세의 고령에도 혼자 살며 매일 새벽 기도에 참석하신다. 아무리 말려도 매일 나가시는데, 그 정도로 건강하시다는 거라 다행으로 여긴다. 15분 거리에 큰오빠가 살고 있어서 큰올케가 엄마네 살림과 반찬을 도와드린다. 워낙 고령이시니 앞으로 시간 되는 대로 더 자주 뵈려 하지만, 지금으로서는 매달 막달레나의집에 올 때 잠깐씩 뵙는 게 전부다. 둘째 딸이 서울에 살 때는 1년에 몇 번밖에 못 봤는데 오히려 부산 내려간 후로 매달 얼굴을 봐서 좋다는 것이 엄마의 말씀이다. 그런 엄마를 만날 때 동생도 같이 만난다. 서울 올 때마다 내 왕복 차표를 끊어 주는 고마운 동생. 둘이 만나 같이 엄마네 들러서 셋이 식사하는 것이 정해진 코스다. 그다음 내 행선지는 물론 막달레나의집이다.

동생과는 잘 지내는 편인데, 동생 내외가 한동안 부산에 몇 년 살았을 때는 매일 동생 집으로 출근하다시피 했었다. 동생은 내가 어떻게 살았는지 자세히는 모른다. 그냥 고생을 많이 했으려니 생각하는 눈치다. 식당에서 일했다는 것 정도는 알고 있으며, 다방이니 뒷골목이니 하는 얘기는 나도 굳이 하지 않았다.

가족 중에서 유일하게 교류하지 않는 한 사람, 작은오빠와는 지금도 불편한 관계다. 엄마 생신이나 아버지 기일 등 친정에 갈 일이 있으면 작은오빠와 시간대가 겹치지 않도록 미리 다녀오곤 했다. 서로 맞닥뜨리지 않도록 내가 먼저 알아서 피한 셈이다. 언제부턴가 오빠가 친정에 발길을 끊다시피 하면서 이젠 그럴 필요도 없어졌다.

스스로 떨어져나간 작은오빠를 제외하곤 명절, 생신, 제사 등 가족 모임이 있을 때면 어쨌든 가족들과 서로 짧게나마 얼굴도 보고 안부도 나누며 산다. 사고무친의 외톨이도 아니고, 엄연히 가족의 일원으로서 역할을 하며 소통도 하며 살고 있다.

그런데 딱 거기까지인 듯하다. 가족들과도 더 이상의 깊이 있는 교류가 일어나지 않는다. 함께 있을 때 편하지 않기 때문이다. 심지어 엄마를 만나는 동안에도 긴장을 늦출 수 없기 때문이다. 어린 나이에 집을 떠나서 그런지, 솔직히 가족들에게는 살가운 정이 없는 편이다. 어디서든 사람과 어울리는 것이 가장 힘들다. 뒷골목 생활이 드러날까 봐 나를 감춰야 하니까.

언젠가 집에 있을 때 뒷골목에서 하던 습관대로 무심코 욕설을 내뱉었는데, 동생이 그 욕을 듣고 깜짝 놀랐다. 동생의 충격받은 표정을 보면서 등골이 서늘해졌다. 까딱하다가는 가족들이 알게 되겠구나 싶었다. 그 후로는 집에 가더라도 잠깐만 있다 왔고, 어쩔 수 없이 하룻밤 자야 하는 상황이면 문 잠그고 혼자 잤다.

가족들 앞에서는 실수하면 안 된다는 긴장 때문에 신경이 팽팽하게 곤두서지만, 막달레나의집에서는 신부님도, 활동가들도, 이옥정 대표도 다 품어 주고 챙겨 주니 사르르 눈 녹듯이 자연스럽게 스며들게 된다. 무엇보다도 과거를 숨기지 않아도 되고 마음속 이야기를 할 수 있다는 것이 위안이 된다. 무심코 욕설이 튀어나와도, 민망한 실수를 하더라도 다 이해해 주고 받아 주니까. 이렇듯 마음의 빗장을 열게 되는 곳, 행동거지가 좀 흐트러져도 책잡히지 않는 곳이 막달레나의집이다.

커피 한 잔의 여유

시간이 빨리 흐르는 곳,
막달레나의집

그래서 막달레나의집에 오면 저절로 무장이 해제되면서 마음속에 묻어 두었던 이야기를 쏟아내게 된다. 때로는 거하게 술 한 잔 하고 다툴 때도 있지만 금방 서로 사과하고 훌훌 털어 버린다. 집에서는 웃을 일이 없는데 그곳에서는 시답지 않은 이야기를 하면서도 서로 하하호호 웃게 된다. 뒷골목에서는 친구가 없었는데 비로소 마음 터놓고 이야기할 수 있는 친구들이 생겼다.

그러다 보니 더 자주 오게 되었고, 더 오래 머물다 가게 되었다. 두세 달에 한 번씩 오다가 지금은 한 달에 한 번, 처음에는 2박 3일이었는데 지금은 일주일 있다 가는 것이 기본이다. 사실 그것도 부족하여 마음 같아서는 더 자주 오고 싶고, 더 오래 있다 가고 싶다. 막달레나의집에 있다 보면 시간이 너무 잘 가기 때문이다. 그곳은 시간이 마법처럼 빨리 흐르는, 아주 요상한 곳이다. 그래서 그런지 요즘 세월이 너무 빨리 가는 것 같다.

지난 세월 험하게 살아온 것에 비하면 지금의 내 삶이 꽤 괜찮다고 여긴다. 아니, 지금이 내 인생에서 제일 행복한 시절이다. 신기하게도 지금 느끼는 만족감, 안정감, 행복감이 얼굴에 그대로 나타나는 모양이다. 다들 나더러 얼굴이 많이 펴졌다고, 인상이 바뀌었다고들 하는데 빈말로 하는 소리들이 아니다. 내 얼굴, 내 인상의 변화를 나는 잘 실감하지 못하지만 한 가지 달라진 것은 분명하다. 나를 보는 것이 싫어 거울 보는 것을 싫어했던 내가 지금은 그렇지 않다는 사실. 지금은 거울도 잘 들여다본다.

막달레나의집을 만난 후로 내 인생 여러 모로 달라졌지만 무엇보다 깊이 체감하는 변화는 이제는 누구를 만나도 할 이야기가 있다는 것, 나도 다른 사람들처럼 나만의 스토리가 생겼다는 것이다. 학교도, 직장도, 친구도, 자식도, 취미도 없이 살아왔기에 남에게 들려줄 무언가가 전무했고, 그런 탓에 누구를 만나도 스스로 주눅이 들곤 했다. 지금은 해외 성지 순례 다녀온 이야기며 막달레나의집에서 자원봉사하는 이야기, 국내 각지로 여행 다닌 이야기 등등 콘텐츠가 풍성해졌다. 다만 길눈이 어두운 탓에 그 많은 여행지를 제대로 기억하지 못하는 것이 안타까울 뿐이다. 또, 그러면 어떤가. 어디든 같이 어울려 다니는 그 순간이 좋았고, 그걸로 충분하다. 돌아보면, 이옥정 대표가 하자는 대로 하면 언제든 결과가 좋았다. 그래서 이 대표가 어떤 제안을 하든 나의 대답은 언제나, 무조건, 같다.

"예!"

아파트에서 본 아침 해

그러니 이 대표가 강화도에 들를 때면 쫓아가서 같이 들여다 볼 것이고. 그러다 보면 1년의 절반은 막달레나 식구들과 함께 있게 되지 않을까. 막달레나의집이 있어서 내 인생, 외롭지 않다.

에필로그

자서전을 쓰기로 마음먹으면서 지난 일들을 찬찬히 되짚어 보았다. 전체적으로는 궂은일, 쓰라린 일들이 파도가 들고나듯 쓰나미가 닥쳐오듯 내 인생을 압도했지만, 현미경으로 보듯 잘게 쪼개어 들여다보면, 순간순간 작은 행복을 맛보기도 했던 것 같다.

다들 바쁘게 달려가는 이 시대, 먹고사느라 열심히 뛰는 세상에 나만 너무 한가롭게 사는 건 아닌가 싶다. 장기간의 '집콕' 생활이 몸에 배어 버려 이젠 오히려 밖에 나가는 게 겁날 정도다. '집콕' 생활일수록 시간을 잘 보내기 위한 놀이와 오락거리가 절대적으로 필요하다. 야구를 좋아해 시즌이 열리는 봄부터 가을까지는 야구 응원하는 재미로 산다. 지역 연고 같은 것은 무시하고, 약팀 위주로 응원하는 것이 나의 룰이다. 또한, 답답하고 성난 마음을 다스리는 데는 퍼즐 맞추기가 최고라는 것도 경험으로 알고 있다. 쇼핑에 취미가 없는 것이 그나마 다행이다. 안 그랬으면 택배 박스가 매일 문 앞에 산을 이루었을 테니. 바깥 공기를 쐬는 것은 한 달에 세 번 정도, 병원 갈 때와 은행 갈 때 그리고 서울 막달레나의집에 갈 때가 전부다.

이런 내 생활을 누구보다 잘 알고 있는 사람, 남편…. 한때 유행했던 노래 가사처럼 '남편인 듯 남편 아닌 남편 같은' 사람이 되어버려 '부부인 듯 부부 아닌 부부 같은' 사이로 지내고 있다. 최소한의 의사소통만 하면서 서로 간섭하지 않고 살고 있다. 곰곰이 생각해 보면 지금의 체제가 꼭 나쁜 것만도 아닌 것이, 한집에 살되 서로 독립적으로 사는 셈이라 나이 든 부부들에게 유행한다는 '졸혼'과 비슷한 구석이 있다. 관점을 조금 달리하면, 어쩌면 이것이 황혼 이혼보다 나을지 모르겠다는 생각도 든다. 사실 이혼은 남편이 완강하게 거부하니 가능하지도 않다. 인연의 끈이 얼마나 질기길래 이리도 서로 애증을 내려놓지 못하는가 싶다가도, 문득문득 맨 처음 남편에게 마음이 움직이던 때의 그 연민의 감정이 되살아날 때가 있다. 남편도 지금 참 외롭겠지…. 벌써 20년이 넘어 고운정 미운정이 다 들어 버렸는데 삭막해진 우리 관계를 생각하면 가슴이 아프지만, 그래도 어쩐지 파국만은 피하게 될 것 같은 예감이 든다.

그런 남편 때문에 부산에 살게 되었는데 이곳이 나의 최종 정착지라는 확신은 들지 않는다. 어찌 보면 어린 시절을 제외하고는 어디에도 뿌리내리지 못하고 내내 떠돌았던 것 같다. 평생 마음 둘 곳 없이 부초처럼 살아온 인생이다.

내친김에 한 군데 더 노크해 보려 한다. 이옥정 대표가 머잖아 강화도 '보듬네'로 간다니 따라가서 강화댁이 되어 볼까나. 의리와 정으로 똘똘 뭉친 막달레나의집 식구들과 강화도에서 새롭게 꾸려가는 삶을 상상해 본다. 무, 배추 심어 같이 김장도 하고, 된장 고추장도 같이 담그고, 싱싱한 해산물 안주에 같이 술도 마시고, 느지막이 찾아온 평화에 감사하며 함께 미사도 드리고…. 어디 그뿐인가. 이 세상 떠날 때 입고갈 수의도 함께 준비하고, 죽어서 한군데에 묻힐 수 있도록 수목장도 같이 준비하려 한다. 그렇게 함께 나누고 존중하며 서로서로 보듬고 살려 한다. 그것이 우리 막달레나 스타일의 노후 준비다.

막달레나의집 식구들과 함께라면 그 어디든 나의 안식처가 되리라.

서울 시립 부녀 보호소 (대방동 부녀 보호소)

1961년 군사 쿠데타 후 윤방법(윤락행위등 방지법)이 제정되었고, 이후 성매매 여성에 대한 '보호'와 '선도'라는 명목하에 직업 훈련 목적의 보호소와 기술원 등이 여럿 생겨났다. 서울시가 '사회 정화'를 내걸고 부랑 여성 · 성매매 여성을 보호한다는 명분으로 만든 서울 시립 부녀 보호소도 그중 한 곳이다. 처음 서울 중구 주자동에 건립되었다가 '도시 미관' 등을 이유로 1963년에 동작구 대방동으로, 1998년에 다시 강남구 수서동으로 이전했다.

부녀 보호소는 '보호'라는 이름과 달리 인권 유린의 공간으로 악명 높았다. 입소생들은 강제 수용되어 면회와 외출을 금지당하는 등 비인간적인 처우를 받았다. 성매매 집결지 철거로 입소생이 늘어나면서 1970년경에는 정원(300명)의 두 배가 넘는 600여 명이 수용되기도 했다. 입소생들은 열악하고 폭력적인 환경을 견디다 못해, 철조망이 설치된 4미터 높이의 담장을 담요로 덮고 넘어가는 등 빈번히 탈출을 시도했다. 입소생 중에는 당국의 꾐에 넘어가 대한청소년개척단(서산개척단) 단원들과 강제 결혼을 당하고 간척 사업에 동원되어 강제 노역에 시달린 사례도 다수 존재한다. 부녀 보호소 입소생들이 겪은 가혹한 인권 침해는 부녀 보호소에 수용되는 것을 교도소 가는 것보다 싫어했다는 증언들이 뒷받침한다.

한편 부녀 보호소는 2001년 서울특별시립 여성보호센터로 이름이 바뀌어 현재 여성 노숙인 요양 시설로 운영되고 있으며, 부녀 보호소가 있던 대방동 부지에는 2002년 서울시여성가족재단이 운영하는 서울여성플라자가 들어섰다.

대한청소년개척단(서산개척단)

1960년대 초 군사 쿠데타 세력은 '사회 정화' 정책의 일환으로 대한청소년개척단(서산개척단)을 만들어 대대적인 간척 사업을 벌였다. 간척 사업에 동원된 이들은 주로 고아와 부랑인 등이었으나, 강제 모집 과정에서 일상의 시민들을 끌고 가기도 했다. 당국은 '부랑인 이주 정착 계획'을 세우고 부랑인 단속을 실시해 무의탁자 약 1,700명을 충남 서산에 강제로 수용했다.

단원들은 감시와 통제하에 생활하며 폐염전 개간 등 강제 노역에 동원되었고, 관리자들로부터 폭행 등 인권 침해를 당했다. 견디다 못한 단원들이 끊임없이 탈출을 시도하자 당국은 이들의 '정착'을 유도하고자 서울 시립 부녀 보호소(대방동 부녀 보호소) 입소생들과 강제 결혼을 추진했다. 실제로 당시 서울시장 윤치영의 주례로 강제 합동 결혼식이 치러지기도 했다. 또한, 단원들은 폐염전 개간지의 무상 분배를 약속받았으나, 그마저도 법령 미비로 무산되었다.

이 사건은 군사 정권 시절 공권력에 의해 벌어진 최악의 인권 침해 사건으로 기록되고 있다. 진실·화해를위한과거사정리위원회(진실화해위)는 2022년 5월 국가가 저지른 인권 침해에 대해 사과하고 피해·명예 회복을 위해 적절한 조치를 취할 것을 권고했다.